매우 의심스러운
# 철학 수업

## 매우 의심스러운 철학 수업

**초판 1쇄 인쇄** 2025년 6월 10일
**초판 1쇄 발행** 2025년 6월 16일

**지은이** 움베르토 갈림베르티, 루카 모리 | **옮긴이** 김현주
**펴낸이** 홍석
**이사** 홍성우
**인문편집부장** 박월
**책임 편집** 박주혜
**편집** 조준태
**디자인** 북다이브
**마케팅** 이송희
**제작** 홍보람
**관리** 최우리·정원경·조영행

**펴낸곳** 도서출판 풀빛
**등록** 1979년 3월 6일 제2021-000055호
**주소** 07547 서울특별시 강서구 양천로 583 우림블루나인비즈니스센터 A동 21층 2110호
**전화** 02-363-5995(영업), 02-364-0844(편집)
**팩스** 070-4275-0445
**홈페이지** www.pulbit.co.kr
**전자우편** inmun@pulbit.co.kr

**ISBN** 979-11-94636-38-0 43100

※ 책값은 뒤표지에 표시되어 있습니다.
※ 파본이나 잘못된 책은 구입하신 곳에서 바꿔드립니다.

# 매우 의심스러운

움베르토 갈림베르티, 루카 모리 지음

김현주 옮김

# 철학 수업

### 주도적으로 생각하는 힘을 길러 주는 50가지 철학적 질문들

풀빛

당신의 모든 의문에 대한 답을 찾았다면,
당신이 품었던 의문이 올바르지 않았다는 의미이다.
– 오스카 와일드, 《예술가로서의 비평가》(1890)

　지금 여러분의 손에 들려 있는 이 따끈따끈한 새 책의 목적은 청소년들에게 생각을 하게 만드는 것입니다. 어른들의 시대에 뚜렷한 특징이 있다면 그것은 '생각을 하지 않는다는 점'인데, 여기에는 다양한 이유가 있어요. 시대적 의견과 남들이 하는 말 때문에, 본인이 확신하는 것에서 마음의 안정을 얻기 때문에, 종교적 신념이나 과학적 신념에 의존하기 때문에, 하이데거가 '생각을 하지 않는 것'은 단순히 '계산'만 하기 때문이라고 말한 것과 같은 이유죠.

스스로 생각해 보는 일은 청소년에게 꼭 필요한 과정입니다. 누구나 어릴 때부터 철학적인 의문을 품기 마련이에요. 예를 들면 "왜 달이 아래로 떨어지지 않지?"와 같은 질문은 지구가 우주의 중심이 아니라는 사실을 이해하는 기회가 될 수 있습니다. 실제로 사람들은 오랫동안 우주의 중심이 지구라고 믿어 왔지요.

이러한 차원의 질문을 스스로 풀어 나가려면 철학을 하는 법을 배우고 익혀야 합니다.

## 1. 철학을 한다는 것은 무슨 의미일까?

칼 야스퍼스는 "철학을 한다는 것은 무슨 의미일까?"라는 질문을 던졌습니다. 이 철학자의 의견에 따르면, 철학은 아는 것에 대한 지식일 뿐 아니라 평생 우리와 함께해야 하는 생각의 실천입니다. 이를 실현하려면 초등학교 저학년 때부터 자신의 생각과 자기비판 능력, 그리고 나와 다른 타인의 생각에 대한 관용을 길러야 해요. 여기서 중요한 것은 '철학을 아는 것'보다 '철학을 하는 것'이랍니다.

그리고 바로 이것이 여러분에게 "나는 나에 대해 알고 있을까?"부터 "아름다움이란 무엇일까?", "이상적인 사회는 어떤 모습일까?", "사랑에 빠지는 이유는 무엇일까?", "영혼은 존재할까?", "논리란 무엇일까?" 등 50가지 질문을 던지는 이 책의 목적이에요.

질문을 하고 그에 답하는 것이 '철학을 하는 것'이며, 이 과정에서 급하게 답을 찾아서는 안 돼요. 특히 모순이나 근거 없는 전제, 성급한 결론, 논의를 통해 정당화되지 않은 전제가 포함되지 않도록 질문의 틀을 잡아야 해요. 질문에 대한 답은 철학이 주는 것이 아니라 여러분이 직접 찾아야 합니다. 이러한 탐구 과정에서 여러분은 '철학을 하게' 되죠.

## 2. 질문하는 것은 인간의 전형적인 특성으로, 인간의 조건이다

질문을 하는 것이 곧 철학을 의미한다면, 철학을 하는 것은 인간의 전형적인 특성을 발휘하는 일이라 할 수 있습니다. 본능에 따라 문제를 회피하는 동물과 달리, 인간은 본능이 없는 것처럼 반쯤은 충동적으로 움직입니다. 그래서 인간이 계속해서 살아가려면 자신의 존재에 대한 문제를 해결할 방법을 찾아 질문해야 해요.

이 책에서는 풀리지 않는 문제로 인한 불안을 줄여 줄 위로나 위안의 말을 덧붙이진 않았어요. 삶에 관한 대부분의 문제들은 혼자 고민하면 그저 수수께끼일 뿐이지만, 관점을 한 번 열어 두기만 하면 출구가 없어 보이는 질문도 극적인 반전의 답을 찾아낼 수 있기 때문이에요.

## 3. 질문 심화하기

이 책은 질문을 하고 그에 답하기를 반복하는 것이 아니라, 가능한 한 뿌리까지 최대한 깊게 파고들어서 논의하는 방식으로 구성되었습니다. 이러한 진행 방식이 때로는 짜증스럽고 어렵고 실망스러울 수도 있겠지만, 별 고민 없이 답하다 보면 질문의 흥미가 떨어지고 논의가 빈약해져요. 질문의 수준을 유지하지 못해 실망하는 것보다는 천천히 답을 탐구해 나가는 편이 나을 거예요.

그래서 이 책은 질문을 더 심화해 나가는 공식을 선택했습니다. 오늘날 미디어와 소셜 네트워크를 통해 대량으로 정보가 쏟아지면서 우리는 자기 자신에게 질문을 던지지 않게 되었죠. 나란히 줄지어 있는 양떼처럼 다른 사람들이 잘 정리해

놓은 길을 아무 걸림돌 없이 걸어가게 된 거예요. 그 무리에서 빠져나와 인간 고유의 특권인 '자기 자신에게 질문하기'를 계속 해야 해요.

또한 이제까지 한 번도 고민해 본 적 없던 자신의 좁은 시야에 대해 고찰하고, 시야를 넓혀 무한히 확장함으로써 새로운 해결책을 찾을 수 있음을 깨닫는 과정을 거쳐야 합니다.

## 4. 진실은 이미 우리 모두의 내면에 살고 있기 때문에 누군가에게 전달되는 것이 아니다

이 책에서 '철학을 하기' 위해 채택한 방법은 '학습된 무지'(지각이 있기 때문에 배운 무지)로, 이와 관련하여 소크라테스는 종교와 달리 철학은 그 탄생부터 권위적이지 않다고 말했어요. 철학은 '나는 진실을 소유하고 있고, 당신은 그것을 배운다'라고 하지 않아요. 왜냐하면 진실은 미완성이고 불완전하며, 수많은 오류가 뒤섞인 채로 모든 사람 안에 존재하기 때문입니다.

## 5. 소크라테스식 대화

사람들이 소크라테스에게 무엇을 가르치느냐고 물으면, 자신은 무지하기 때문에 아무것도 가르치지 않는다고 답했습니다. 대신 무엇인가를 안다고 생각하는 사람들에게 확고한 논증을 바탕으로 자신의 의견을 세우도록 도와주며 그들이 진정한 홀로서기를 할 수 있도록 돕는 것뿐이라고 했죠. 그러기 위해서는 그 의견을 밝힌 자의 권위나 근거 없는 믿음, 혹은 궤변가들의 잘못된 삼단논법, 혹은 개인적인 애정 관계에 휘둘려 그릇된 판단을 하지 않아야 해요.

소크라테스는 이러한 철학적 방법을 통해 얻은 지식을 '에피스테메(epistéme)'라고 불렀습니다. 우리는 이 그리스어를 '과학'이라고 번역하지만, 문자 그대로 해석하면 구조화와 논증이 잘 된 견고한 기초 위에 놓인 것을 의미하므로 '서 있는 것'이라 해석하는 것이 맞아요. 그렇다면 이 견고한 기초는 어떻게 쌓을 수 있을까요? 소크라테스는 대화로 가능하다고 말합니다.

소크라테스는 제자들을 불러 모아 놓고 정의와 진실, 아름다움, 정부 등과 같은 주제에 대해 각자 어떻게 생각하는지 물었어요. 대화를 하면서 제자들은 자신의 의견을 말했지요. 이때의 대화는 상대방을 물리치기 위한 논쟁을 펼쳐 이기기 위한 것이 아니에요. 그건 철학적이 아니라 논쟁적이죠. 논쟁은 승리를 얻기 위해 말로 싸우는 것으로, 이때에는 말하는 내용이 진실인지 거짓인지 판단하는 것은 중요치 않습니다. 왜냐하면 논쟁에서 중요한 것은 단 하나, 반박을 해서 상대방을 위태롭게 만드는 것뿐이거든요.

소크라테스식 대화는 진정 '철학적', 즉 지식을 사랑하기 때문에 상대방을 물리치는 것이 아니라 진리를 찾는 데 관심을 둬요. 상대방의 주장을 다른 주장과 대조하지 않고, 논쟁 중인 주제와 아무 상관 없는 주장을 찾아내거나 상대방의 주장에서 발견되는 모순에 집중하는 것입니다. 모순이 증명되면 상대방은 게임에서 밀려나고, 대화 중에 나온 다양한 주장 중에서 그 어떤 모순도 없는 주장만 남습니다.

소크라테스는 진리가 일관성 없는 의견이나 모순으로 뒤덮여 있다 할지라도 우리 각자에게 진리가 숨겨져 있다는 확신만 이끌어내 줄 뿐, 직접 진리를 가르치진 않았어요. 그는 진리를 갖고 있지 않아서라고 했지만, 사실은 학습된 무지에서 출발하여 제자들과 대화를 나누며 진리를 찾는 것을 도왔어요.

마찬가지로, 이 책 역시 수록된 50가지 질문에 대한 답이나 해결책은 제시하지 않습니다. 여러분은 이 질문들을 응용하여 대화를 시작하고, 모순 없이 모두의 인정을 받는 결론에 도달하게 될 거예요. 이것이 '철학을 하는 것', 한마디로 '철학하기'

입니다.

## 6. 철학을 하려면 친구가 되어야 하고 관용적인 태도를 가져야 한다

서로 완전히 상반된 입장을 갖고 있다 하더라도 철학적 대화는 상대방을 물리치는 것이 아닌 진리를 추구하는 것이기 때문에, 대화자들은 반드시 서로 친구가 되어야 해요. 이것이 그리스어로 '필로이(phíloi)', 즉 철학을 하는 것입니다.

여러분이 관용이라는 단어의 뜻을 잘 이해하고 있다는 전제하에, 철학을 하려면 관용적인 태도를 가져야 하기에 이런 친목은 꼭 필요해요. 여기서 관용은 단순히 상대방이 주장을 다 펼치기 전에 끼어들거나 목소리 톤을 높여 자신의 입장을 더 강력하게 내세우지 않고 기다리는 것만을 의미하진 않아요. 관용은 그저 좋은 매너일 뿐입니다. 상대방의 주장이 자신의 세계관을 바꾸거나 확장시키는 경우도 있는데, 관용은 상대방의 어떠한 의견이라도 배제하지 않는 태도로 경청하는 것을 의미합니다.

대화에서 이런 태도를 갖지 않으면 진리를 찾을 수 없을 뿐더러, 선입견에서 벗어날 수도 없습니다. 선입견은 비판을 수용하지 않고 내린 판단으로, 관성이나 게으름 때문에 혹은 생각하는 수고를 피하고자 자신의 세계관을 그 판단에 맡겨 버리는 일종의 정신적 습관이에요. 선입견에 빠지면 우리는 더 이상 질문이 주는 긴장감에 자극되지 않고 의혹도 무시한 채 안정을 얻죠.

이러한 의미에서 철학은 '아는 것'이라기보다는 '태도'입니다. 질문을 멈추지 않고 완벽해 보이는 답도 다시 의심하는 태도 말이에요. 따라서 철학적 태도는 현실을 넘어서 이상적인 세상을 발견하는 장치라고도 할 수 있습니다.

## 7. 철학을 하려면 비판하는 훈련이 필요하다

'비판(critica)'은 '판단하다', '평가하다', '해석하다'라는 의미를 지닌 그리스어 크리노(kríno)에서 유래했어요. 비판은 내가 내린 판단과 생물학적, 문화적, 감정적인 삶의 개념들을 위태롭게 뒤흔들곤 합니다. 우리는 어떤 비평이나 반대 의견을 잘 견디지 못해요. 왜냐하면 생각에 대한 불안감을 피하기 위해 그 개념들을 문제라고 생각한 적이 없기 때문이에요.

그러나 자신의 생각이 비판받을 수 있다는 것을 견디지 못하면 우리는 스스로 생각을 하는 대신 개념에 의존하고 맙니다. 생각이 포함되지 않은 개념은 논리적이기보다는 심리적으로 우리를 지배하며, 영혼 깊은 곳에 뿌리를 내려 이성적인 사고를 하기 어렵게 만들어요.

능동적이고 참여적인 존재로 살아가려면, 개인과 집단 모두의 생각을 재검토하고 비판받는 과정이 필요합니다. 우리의 문제는 우리 삶 속에 있고, 우리의 삶은 우리가 해석하는 개념이 이 세상에서 인정받는 가치이기를 바라기 때문이죠. 새로운 개념은 비록 연약하게 태어나지만, 우리의 굳어진 정신적 습관을 근본적으로 뒤바꿔 놓을 힘이 숨겨져 있습니다.

데카르트가 원한 것처럼 개념이 항상 '명확하고 분명'할 수는 없지만, 다른 사람들의 생각에 더 마음을 열고 관용을 베풀면 더 많이 이해할 수 있고, 그렇게 이해하면서 살 수 있어요.

## 8. '사랑은 철학자다'

프랑스 철학자 뤼스 이리가레는 자신의 책 《사랑의 길》에서 철학에는 지식(sophía)에 대한 사랑(phílo-)의 의미만 있고, 왜 사랑(phílo-)에 대한 지식(sophía)의 의미는 없는지 의문을 던졌어요.

이 두 번째 의미에 대해 소크라테스는 사랑은 단순히 소유하는 것이 아니라 '사랑하는 대상에 대한 탐구와 긴장감, 욕구'라고 명확하게 정의하면서 우리를 다시 한번 생각해 보게 만듭니다. 사랑은 한마디로 결핍입니다. 소크라테스는 사랑의 어머니가 그리스 신화에 나오는 아프로디테가 아닌 '부족'과 '빈곤', '결핍'을 뜻하는 이름의 페니아이며, 사랑은 어머니인 페니아로부터 물려받은 특성이라고 말했어요.

사랑은 상대를 '소유'하지 않고 '추구'합니다. 마찬가지로 철학도 어떤 진리를 소유하고 있지 않기 때문에 우리가 연구를 하는 거죠. 소크라테스는 이렇게 말했어요. "사랑은 철학자다. 사랑은 '지식을 소유하고 있다고 판단하여 지식을 추구하지 않고 철학을 하지 않는 현자'와 '알고자 하지 않아서 철학을 하지 않는 무지한 자' 사이에 있기 때문이다."

아이들은 태어날 때부터 현명한 것은 아니지만, 보통의 무지한 자들과 달리 연구하게 만드는 질문을 멈추지 않지요. 하지만 아이들의 질문은 세상이 어떻게 돌아가는지 안다고 생각하는 어른들의 세상에서는 무시되곤 해요. 어른들이 주의를 기울이지 않다 보니 아이들의 질문은 답을 찾지 못한 채 보이지 않는 곳에 묻히는데, 사실 이러한 질문들은 그동안 어른들이 찾은 삶의 문제에 대한 답을 위태롭게 만들거나 세계관까지 바꾸어 놓을 수 있습니다.

이 책에 수록된 질문들에 대한 진정한 대답은 글 내용의 끝에 있는 것이 아니라, 다른 질문들 사이에 은밀하게 숨어 있어요. 같은 해변에 끝없이 밀려오는 파도가 해안선을 바꾸고 크게는 지구의 모습에 변화를 주는 것과 같아요. 우리에겐 그 어떤 고통도 치명적이지 않고, 그 어떤 문제도 해결 불가능하지 않으며, 그 어떤 답도 진리가 되지 않습니다. 우리는 프리드리히 니체가 '아직 안정되지 않은 동물'이라 정의한 인간의 본성에 따르려 하기 때문이에요.

또한 우리는 목적지 없는 여행자들처럼 끝없이 탐험할 수 있습니다. 왜냐하면 오직 이런 방법만이 불안하고 매력적인 인간성에 대한 진실을 증명할 수 있기 때문입니다.

여기서도 다시 한번 소크라테스의 말을 빌려 말해 볼게요. "자신을 시험에 들지 않게 하는 삶은 살 가치가 없다."

여기까지 우리를 안내한 소크라테스는 자신의 경험에 비추어 아마도 이런 말을 할 것이라고 예상해 봅니다.

"그러나 자신을 설득하는 것은 쉬운 일이 아니다."

차례

# '인간다움'의 정의가 의심스러울 때 65

삶의 가치/목적/도덕에 관한 철학적 질문들

2장

# 보이지 않는 '진리'의 정체가 의심스러울 때 107

진리 탐구/성찰에 관한 철학적 질문들

3장

# 우리가 사는 '사회'의 규칙이 의심스러울 때 <sup>151</sup>

사회/문화에 관한 철학적 질문들

**4장**

# 내가 느끼는 '감정'이 의심스러울 때 191

이성/감정에 관한 철학적 질문들

5장

# 1장

# '나'라는 존재가 의심스러울 때

자아/내면/행복에 관한 철학적 질문들

# 지금 내가
# 보고 있는 것은
# '진짜'일까?

화가 르네 마그리트(1898~1967, 초현실적인 작품을 많이 남긴 벨기에의 화가-옮긴이)는 유명한 작품들을 많이 그렸는데, 그중 멋진 파이프 그림이 있습니다. 그런데 파이프 그림 밑에 "이것은 파이프가 아니다"라는 설명이 적혀 있어요. 그는 왜 이런 말을 했을까요? 우리를 속이려는 걸까요, 아니면 이말이 진짜일까요?

어떤 일이 실제로 일어났거나, 실제로 존재한다고 확신하는 이유를 설명하려 할 때 우리는 가끔 이런 말을 합니다. "내가 두 눈으로 똑똑히 봤어." 그런데 어떤 것을 봤다고 해서 그것이 진짜 존재한다고 확실하게 믿을 수 있을까요? 일단 착시 현상을 생각해 보면 그렇지 않을 수도 있다는 의심이 들 거예요. 아래에 있는 두 개의 수평선을 보세요.

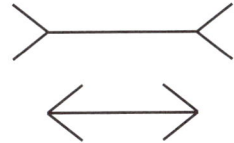

위에 있는 선이 아래에 있는 선보다 더 길어 보이죠? 그렇다면 실제로 위에 있는 선이 더 길까요? 자로 직접 재 보면 두 선의 길이가 같다는 것을 알 수 있을 거예요.

조금 더 넓은 관점에서 생각해 볼게요. 그리스의 철학자 플라톤은 인간의 삶을 태어날 때부터 동굴에 갇혀 그림자가 움직이는 벽을 바라보며 성장해야 하는 죄수들에 비유했습니다. 다른 경험은 하지 못한 이 죄수들에게는 자기 앞에 보이는 그림자가 진짜 현실입니다. 그러다가 죄수 중 한 명이 자유롭게 동굴 안을 돌아다닐 수 있게 되어 동굴 입구를 찾고서야, 지금

까지 봤던 그림자가 사실은 현실이 아니라 전에는 볼 수 없었던 사물이 비친 것일 뿐임을 깨달았죠.

그 죄수들의 어떤 면이 우리와 비슷할까요? 우리도 겉으로 보이는 모습 그대로를 실제라고 믿으며 그 겉모습 '뒤에' 있는 것은 무시하고 아무런 의문도 갖지 않아요. 간단히 말하면 플라톤은 현실은 겉으로 보이는 것과 같지 않으므로 무언가의 상태를 파악하려면 지식이 필요하다는 점을 강조합니다. 우리가 인터넷에서 광고 이미지나 사진을 볼 때, 혹은 가짜 뉴스 같

은 이야기를 접했을 때도 이 점을 꼭 기억했으면 좋겠어요. 우리가 눈으로 보는 모든 것이 모두 진짜일 거라는 생각도, 눈으로 볼 수 있는 것만 존재한다는 생각도 바람직하지 않습니다. 다시 말해, 우리 눈에 보이는 것이 우리를 속일 수 있고, 함정일 수 있는 것이죠.

그리고 마지막으로, 파이프 그림은 파이프가 아닙니다.

# 나는 나에 대해
# 잘 알고 있을까?

여러분은 나 자신에 대해 잘 알고 있다고 생각하나요? 항상 알고 지낸 타인이라면 오히려 쉽게 답할 수 있습니다. 그러나 그리스 철학자 소크라테스는 스스로에 대해 아는 것은 무척 어렵다고 말합니다. 이제부터 그 이유를 설명해 볼게요.

다른 사람은 바로 코앞에서 바라볼 수 있지만, 나 자신은 직접 볼 수 없죠. 스스로 자신의 얼굴을 보려면 거울이 필요해요. 또한 자기 자신에 대해 아는 방법도 직접적이지 않아요. 그러기 위해서는 자신의 과거를 되짚어 보는 것도 중요하지만, 떠오르는 기억이 별 도움이 되지 않을 때가 많습니다. 예를 들어 내 삶이 시작되던 때의 기억은 거의 나지 않거나, 아예 기억하지 못하죠. 지금의 우리가 되는 과정에서 매우 중요한 시기인데도 말입니다. 그래서 다른 사람들의 이야기를 들을 수밖에 없는데, 그들도 모든 것을 기억하지는 못합니다. 그리고 조금 더 성장했을 때의 기억과 기억하는 방식이 나를 속일 수도 있어요.

나 자신에 대해 알려면 적어도 내 몸이 어떻게 작용하는지, 왜 특정 감정을 느끼는지, 어떻게 머릿속에 생각이 떠오르게 되는지 등에 대해 조금은 알아야 합니다. 따라서 과학자나 심리학자, 철학자들이 하는 말을 들어 볼 필요가 있어요. 이 과정에서 다양한 관점을 발견하게 될 것이고, 그 관점은 새로운 방식으로 세상을 바라보는 데 도움이 될 것입니다.

나에 대해 아는 것이 자신의 잠재력도 알게 되는 것이라면, 또 한 번의 난관에 부딪히게 됩니다. 우리의 잠재력은 항상 정해져 있는 것이 아니고 '내면'의 어디에서 찾아야 하는지도 모르기 때문입니다. 다시 말해, 찾기는 해야 하지만 시간과 경험이 필요하고, 다른 사람과 비교도 해야 하죠.

요컨대, 알아내야 할 '나 자신'이 항상 똑같지 않기 때문에 어려운 것입니다. 해가 바뀔 때마다(혹은 매월, 어쩌면 매일일 수도 있겠죠?) 여러분에게(다른 사람들도 모두 마찬가지입니다) 어떤 것이든 변화가 일어난다는 것을 알고 있나요?

우리는 항상 새로운 난관을 만나고, 앞을 가로막았던 장애물을 극복하고, 이제까지 몰랐던 한계가 있다는 것을 알게 되고, 그러면서 새로운 가능성도 발견합니다. 그렇게 나는 끊임없이 변화하고 있으므로, 나 자신에 대한 지식도 항상 업데이트되어야 해요. 그래서 다양한 관점에서 스스로에 대해 잘 아는 일에 도움이 되는 것이 무엇인지 자문하는 것이 중요합니다. 지금 머릿속에 떠오르는 것이 있나요? 예를 들어 친구나 가족, 선생님 등 내게 중요한 사람들이 도움이 될 겁니다. 그리고 여행이나 책, 운동, 영화, TV 프로그램 등 내가 경험한 것들이 나 자신을 관찰하고 새로운 발견을 하게 해 줄 거예요.

스스로에 대한 탐구는 평생이 걸릴 수 있는 일입니다. 그리고 때로는 이것이 쓸데없는 짓이 아닐까 하는 의심이 들 수도 있어요. 이 과제가 영원히 끝나지 않을 수도 있는데, 왜 꼭 스스로에 대해 알아야 하는 걸까요?

고대의 위대한 철학자들 중에서, 특히 소크라테스는 이렇게 대답할 겁니다. "스스로를 알고자 하지 않는 자는 자신을 적절하게 돌볼 줄도 모르는 사람이다. 이런 사람은 무엇을 돌봐야 하는지 모르기 때문에 매우 표면적이고 불행한 삶을 살게 될 것이다."

이렇듯 스스로에 대해 알아내는 일을 소홀히 하는 사람은 자신이 입고 있는 옷과 신발, 그리고 갖고 있는 물건을 관리하는 데만 시간을 보낼 것입니다. 겉으로 보여지는 외적인 것에 더 신경을 쓰겠죠.

# 현명한
# 사람이 되려면
# 어떻게 해야 할까?

만화에 등장하는 현자는 수염을 기르고 산꼭대기에 앉아 있는 노인으로 표현되곤 하죠. 여러분이 생각하는 현명한 사람은 어떤 모습인가요? 현자는 얼마나 많은 것을 알아야 하고 어떻게 행동해야 할까요?

어떤 사람들은 현명한 사람과 보통 사람의 차이는 깨어 있는 사람과 잠자는 사람의 차이와 같다고 합니다. 현명한 사람은 사물이 실제로 어떠한 상태인지 볼 줄 알지만, 그렇지 못한 사람은 스스로에게 속아 자신이 무엇을 하는지도 모르는 것처럼 움직이기 때문이에요.

로마 네로 황제 시대에 살았던 철학자 세네카는 현자의 모습에 대해 오랫동안 연구했는데요. 그는 항상 선한 것과 악한 것을 구분할 수 있고, 바람과 파도가 밀려와도 흔들리지 않는 바위처럼 난관에 부닥쳤을 때 태연하게 가만히 있을 줄 아는 이를 지혜를 얻은 사람으로 보았습니다.

여러분도 시험 삼아 과거 철학자들이 말한 지혜의 진정한 '진주'가 들어 있는 문장들을 머릿속에 되뇌어 보세요. 예를 들면 "한 사람에게 일어나는 일은 모두에게 일어날 수 있다"와 같은 문장이죠. 잘 생각해 보세요. 여러분이 이런 문장을 마음에 새기면 다른 사람을 이해할 수 있고, 그 어떤 상황도 안정적이지 않다는 것을 금방 알게 될 거예요.

이외에도 세네카는 지혜를 얻고자 하는 사람들에게 수많은 조언을 합니다. 몇 가지 소개해 보자면, "가진 것이 얼마 되지 않는다고 해도 그것에 만족하고 욕구를 제한하는 법을 배워야 한다", "단지 다른 사람들의 마음에 들기 위해 있는 그대로가 아닌 다른 모습을 보이려 하지 말아야 한다", "사람을 판단할 때 그 사람이 무엇을 가졌는지로 판단하지 말아야 한다. 더 많이 가졌다고 해서 반드시 더 우월하거나 더 행복한 것은 아니기 때문이다", "너무 과중한 임무를 맡지 말아야 한다. 그래야 일을 성급하고 불안하게 처리해야 하는 상황에 놓이지 않는다", "과도한 자부심으로 '나'를 부풀리지 말고, 우리 모두 결점이 있으니 다른 사람의 결점에 너무 무게를 두지 말아야 한다. 대신 이러한 조언을 기꺼이 따를 수 있는 진정한 친구를 곁에 두어라" 등입니다.

또 우리가 해야 할 아주 중요한 일은 우주가 얼마나 광대한지, 그리고 우리 모두에게 주어진 시간은 한정되어 있다는 사실을 자주 생각해 보는 것입니다. 이런 생각을 하는 연습을 하면 우리가 자주 하는 실수, 즉 존재하는 모든 것에 비해 사실상 '작은 것'에 무게를 두는 것을 피하는 데 도움이 됩니다.

세네카가 설명한 현자가 되는 것이 너무 어렵다는 생각을 하고 있나요? 세네카도 그렇게 생각했고, 실제로 자신이 현자가 아니라는 것을 알고 있었어요. 그럼에도 세네카는 우리가 영감을 얻을 수 있는 본보기입니다. 그는 누구나 그러한 방향

으로 전진하다 보면 점점 더 발전하고 평온하게 사는 법을 배
울 수 있다고 말했어요.

# 행복이란
# 무엇일까?

아리스토텔레스는 모든 사람이 각자의 목표를 행복이라 여기지만, 행복을 찾는 방법으로 각기 다른 길을 택한다고 했습니다. 여러분은 자신만의 행복에 이르기 위한 지도를 그리고, 행복을 찾아가는 여행 중에 꼭 들러야 할 곳을 표시할 수 있나요?

아리스토텔레스의 시대에는 행복의 요소에 대한 다양한 관점이 등장했습니다. 어떤 사람들은 행복이 쾌락을 느끼거나 자신의 욕망을 발산하고 충족하는 것에 있다고 주장했어요. 또 다른 사람들은 더 많은 돈을 벌고, 더 유명해지고, 전쟁에서 적을 물리쳤을 때 행복을 얻을 수 있다고 생각했지요. 그러나 아리스토텔레스는 행복을 갈구하는 사람이라면 '생각과 이성의 올바른 활용'과 같이 좀 더 고귀한 능력을 개발하는 데 집중할 것을 권했어요.

여러분도 그렇게 생각하나요? 이에 동의한다면 생각을 하도록 훈련시키는 이 책이 여러분이 행복해지는 데 한몫할 거예요! 아리스토텔레스 외에도 생각을 잘하는 능력을 중요하게 생각하는 사람들이 있었어요.

예를 들어 철학자 에피쿠로스는 행복을 쾌락과 연관시켰지만 더 침착하고 온건한 쾌락을 선호하고, 동요를 일으키거나 고통스럽게 만들 수 있는 쾌락은 피할 것을 권했어요. 당장은 좋지만 시간이 흐르면 해를 입힐 수도 있는 부작용을 가진 것들이 있습니다. 아이스크림이나 감자칩 한 봉지를 먹을 때를 생각해 보세요. 너무 맛있어서 멈출 수 없지만 설탕과 소금, 지방이 많이 들어 있는 음식들이라 확실히 건강에 좋지는 않죠.

세상일이 다 그렇다고 봤을 때, 다양한 유형의 쾌락을 구분하고 그 정도를 측정할 때 정말 중요한 것은 이성을 사용하는 것입니다. 아리스토텔레스에게는 이것이 핵심이었어요. 그의 관점에서 행복은 덕과 연결되어 있고, 덕은 초월할 수 없는 한계를 인식하는 능력을 바탕으로 합니다. 무엇이든 과한 것은 항상 피해야 하죠.

고대부터 철학자들이 제시한 또 다른 어려운 질문은 이것입니다. "항상 행복할 수 있을까? 더 이상 걱정이나 근심, 두려움을 느끼지 않을 정도로 안정적인 행복을 얻는 것이 가능할까?"

일반적으로 우리는 주변 상황이 '장밋빛'이면 행복하고, 상황이 '회색'이면 우울해지기 때문에 늘 안정적인 행복을 얻기란 굉장히 어려워 보입니다. 그렇다고 세상일이 언제나 그래야 한다는 말은 아니에요. 아리스토텔레스에 의하면, 본인 자신과 상황을 올바르게 판단할 수 있다면 우리는 주변 상황에 따라 색이 바뀌는 카멜레온처럼 혼란스러운 상태가 되지 않을 수 있습니다.

카멜레온은 주변에서 일어나는 사건에 지나치게 '감명을 받는' 사람, 예를 들면 일이 잘 풀리면 마구 열광하고 상황이

나빠지면 곧바로 실망하는 사람을 가리켜요. 상황에 따라 '색이 변하는', 한마디로 항상 흔들리는 정신 상태가 되죠.

따라서 우리는 상황이 아닌 세상에 대한 사고와 성찰의 빛깔에 따라 기분과 태도를 '채색'할 줄 알아야 합니다.

# 05

# 나는
# 자유로운
# 존재일까?

고대 로마의 철학자 세네카는 모든 인간은 상당한 무게의
사슬을 짊어지고 있고, 그로 인해 어떤 식으로든 포로가 된
다고 주장했습니다. 그런데 이 사슬은 눈에 보이지 않죠. 그
렇다면 세네카는 무슨 말을 하고 싶었던 걸까요?

우리 중 누구도 언제 어디서 태어날 것인지, 어떤 모국어를 가질 것인지, 어릴 때 어떤 교육을 받을 것인지를 비롯하여 살고 있는 나라의 법이나 형제의 수 등을 선택할 수 있는 사람은 없습니다. 이 모든 것들은 나의 현재 상태와 내가 할 수 있는 것에 깊은 영향을 끼치죠. 그런데 이러한 관점에서 나의 습관이나 취향, 믿는 것 등이 태어난 곳이나 함께 자란 사람에 따라 달라진다면, 왜 우리는 스스로를 자유롭다고 생각하는 걸까요?

우리는 성인이 되어도 여전히 모든 선택의 주인이 되지는 못합니다. 혹시 여러분 중에 자신이 사랑에 빠질 사람을 자유롭게 선택하거나, 그 여자 혹은 그 남자와 사랑에 빠질 대상을 선택할 수 있는 사람이 있나요?

세네카는 우리 모두 사슬을 지고 있다고 말하면서 이 사슬은 은유적인 것이라고 말했습니다. 세네카의 시대에 존재했던 노예 제도는 현재 폐지됐지만, 이 상상의 사슬은 아직도 존재하죠. 그는 자신이 자유롭다고 생각하는 사람도 사실 환경과 본인이 통제할 수 없는 수많은 요인의 영향을 받거나 그러한 영향의 발생 가능성에 제약을 받으며, 본인 스스로 만든 우리와 사슬에 갇혀 있다는 점을 강조하려 했습니다.

실제로 사람은 야망이나 근심, 선입견, 감정, 다른 사람들의 평가에 '묶여' 있거나 압박을 받을 수 있습니다. 또한 유행을 따르느라 정말 원하는 것을 하지 못하기도 해요. 경력을 쌓고 싶은 욕망을 비롯해 소유하거나 소유하고 싶은 부, 자신의 사회적 지위, 다른 사람들이 자신에게 기대하는 것의 노예가 될 수도 있고요.

이 외에도 우리의 행동은 자신이 배운 것과 사물을 보는 방식에 따라 결정됩니다. 만약 여러분이 수영하는 법을 배우지 않았다면 수영장이나 바다에 자유롭게 뛰어들지도, 심지어 물에 다가가지도 못할 수 있죠. 영어나 중국어를 배우지 않는다면 그 언어만 사용하는 사람과 자유롭게 대화를 할 수 없고요. 어떤 기계의 작동법을 모른다면 그 기계가 필요해도 자유롭게 사용할 수 없어요.

이처럼 우리가 알지 못한다는 점도 일종의 사슬로 볼 수 있어요. 그것도 아주 무거운 사슬이 될 수 있죠. 우리는 많은 것을 할 줄 모르기 때문에 모든 것을 자유롭게 할 수 없습니다. 세네카를 비롯한 다른 철학자들은 우리의 자유는 당연한 것이 아니고, 항상 어떤 식으로든 한정되어 있으며, 주변에서 일어나는 일에 끌려가지 않고 꾸준히 혁신해 나가는 것이야말로 우리의 성취 목표라고 강조합니다.

어려운 일이지만 이 모든 사슬에서 벗어나거나 적어도 가볍게 만들 방법이 있습니다. 한 가지 예를 들어 보죠. 누구나 다른 사람들의 영향을 받고 때로는 단지 누군가를 기쁘게 하기 위해 혹은 누군가의 허락을 받기 위해 스스로 생각하지 못한 것을 말하거나, 스스로 생각하기에 안 될 것 같은 일을 해야 할 때가 있습니다. 이러한 경우, 사슬을 떨쳐내려면 '아니오'라는 뜻을 내비치기만 하면 됩니다. 예를 들어 "나는 그렇게 생각하지 않아요!" 혹은 "이건 하면 안 되는 일이라고 생각합니다!"라고 말하는 것이죠. 어려울 수 있지만 이러한 행동이 나에게 진정한 해방을 주기도 해요.

# 내가 정말
# 원하는 건
# 무엇일까?

여러분은 지금 맛있는 초콜릿이나 햄버거 같은 먹거리를 사러 갈까 고민 중입니다. 물론 그 음식들이 몸에 안 좋다는 것은 알고 있죠. 그래서 먹고 싶지만, 동시에 먹고 싶지 않기도 해요. 어떻게 이런 마음이 생기는 것이 가능할까요?

한 무리 안에서도 누구는 어떤 일을 하고 싶어 하고 다른 누구는 하고 싶어 하지 않을 수 있습니다. 경우에 따라 합의에 쉽게 도달하기도 하는데, 이는 한쪽이 생각을 바꾸느냐 또는 다른 사람들이 바라는 것에 맞서냐에 따라 달라지죠.

다양한 사람들이 다양한 것을 원하는 건 전혀 놀라운 일이 아닙니다. 그러나 한 사람이 같은 것을 두고 원하는 마음과 원하지 않는 마음이 동시에 생겨 자기 자신과 싸우는 경우도 있죠. 어떨 때는 무엇인가를 사고 싶다가 사고 싶지 않기도 하고, 누군가에게 무엇인가를 말하고 싶다가 말하기 싫어지기도 하고, 특정 장소에 가고 싶다가 가고 싶지 않기도 합니다. 왜 그런 일이 생기는 지를 설명하긴 어렵지만요.

성 아우구스티누스는 라틴어를 사용해 이것이 '몬스트룸(monstrum)', 즉 말로는 설명이 안 되는 기괴하고 역설적인 것이라 말했습니다. 이것에 좀 더 다가가려면, 인간 안에 서로 다른 방향으로 이끌 수 있는 의지의 원동력이 존재하는 것처럼 몸과 마음을 구분하는 방법을 써야 합니다. 즉 몸은 감자칩을 먹을 때 느끼는 순간적인 즐거움을 좇으려 하지만, 정신은 감자칩이 해롭다는 것을 인지하고 있기 때문에 이를 억제하는 것이죠.

그러나 성 아우구스티누스는 가장 어려운 경우에 대해 고민했습니다. 두 개의 의지 사이에 생겨난 갈등이 모두 마음의 영역인 경우, 예를 들면 한 사람이 확신에 차 어떤 일을 하겠다고 제안하고 약속까지 한 후에 그 약속을 지키지 않는 상황이죠. 이럴 땐 마음이 몸에게 명령하여 그 명령에 따르게 할 수 있지만, 정작 그 마음이 자기 자신에게 순종하지 않는 것입니다. 이러한 경우에 어떤 일이 일어나는지를 알면 자기 자신에 대해 더 잘 알게 되고, 선택의 갈림길에 섰을 때 얼어붙지 않을 수 있죠.

이에 대해 성 아우구스티누스는 이렇게 설명했어요. 때로

내가 원하는 것이 사실 나 자신 전체가 원하는 것은 아니어서 의지가 사라지고 추진력도 떨어지는 경우가 있습니다. 이런 일이 생기는 이유는 한쪽 방향으로 이끄는 의지의 일부와, 그 의지에 저항하고 가로막는 또 다른 의지가 있기 때문이에요.

한 가지 예를 들어 볼게요. 운동을 더 열심히 하거나 스마트 폰을 들여다보는 시간을 줄일 것을 스스로에게 약속했다고 생각해 봅시다. 이러한 제안의 배경에는 '새로운 의지', 즉 여러분의 습관에 어떤 변화를 주겠다는 의지가 있는데, 이 의지는 훨씬 더 편하고 즐거운 것을 하려고 했던 여러분의 '과거의 의지'에 의해 제지될 수 있어요. 과거의 의지와 새로운 의지, 이

두 의지 사이에서 갈등과 같은 것이 생기는데 이 갈등은 당사자가 정말 원할 때, 즉 본인 전체가 원하는 것을 원할 때만 긍정적으로 해소될 수 있습니다.

그리고 자기 자신이나 다른 사람들에게 더 나은 것을 원할 수 있다면, 이때의 갈등은 생산적이라고 볼 수 있어요.

# 사랑에 빠지는
# 이유는 무엇일까?

단테의 《신곡》 속 유명한 구절 중에 "사랑은 사랑받는 사람을 사랑에 빠지게 만든다"라는 말이 있습니다. 이게 무슨 뜻일까요? 사랑의 힘은 무척 강해서 그 어떤 사람이라도 강렬한 사랑을 받으면 연인에게 보답하게 만든다는 뜻인데요. 여러분은 이 말에 대해 어떻게 생각하나요? 사랑이란 그런 걸까요?

아테네 출신인 플라톤은 철학사 전체를 통틀어 가장 영향력 있는 사상가 중 한 사람입니다. 자신의 유명한 저서 중 하나에서 사랑에 관한 대화를 통해 감정의 본질에 대한 다양한 관점을 보여 줬어요.

우리는 언제 어떻게 할지 아무것도 결정할 수 없는 존재인데 왜, 어떻게 사랑에 빠지는 걸까요? 누군가를 향한 호감은 어디서 나오는 걸까요? 플라톤은 대화편 중 하나인 《향연》에서 등장인물을 통해 이에 대한 이야기를 다루었어요. 아주 먼 옛날, 우리와 비슷하지만 몸집이 인간의 두 배이고 네 개의 팔과 네 개의 다리, 네 개의 귀에 머리는 하나인데 얼굴은 둘인 생물들이 있었습니다. 이 생물들의 힘을 두려워 한 제우스는 그들의 몸을 반으로 나누었죠. 그렇게 해서 현재의 남자와 여자가 만들어졌다는 신화입니다. 지금의 남자와 여자는 원시 분열의 결과물, 즉 우리 각자는 원래 하나였던 형태의 절반일 뿐이라는 것이죠. 따라서 사랑에 빠진 사람들이 서로에게 느끼는 매력은 자신의 반쪽을 찾아 온전한 전체를 다시 만들려는 욕구에서 비롯되었다고 했어요. 사랑에 빠지는 것이 항상 상호적이지 않은 것은 아마 모든 반쪽이 서로를 알아보지는 못하기 때문일 거예요.

플라톤의 대화에서 또 다른 기이한 신화가 등장하는데, 그리스인들이 사랑의 신으로 부르던 에로스의 탄생에 관한 것입니다. 에로스는 정확히 따지면 신은 아니고 인간과 신 사이의 중간에 놓인 존재예요. 에로스의 부모는 가난을 의미하는 페니아와 재능과 자원의 풍부함을 의미하는 포로스입니다. 그러니까 에로스는 가난과 부를 동시에 지닌 모호한 본성을 가진 것이죠. 여기에서 우리는 사랑과의 접촉은 매혹적이고 행복을 주며 새로운 생각과 계획으로 가득 차게 할 수도 있는 한편, 불안하고 기운을 빼앗으며 의심과 부정적인 생각을 불러일으킬 수도 있다는 것을 알 수 있어요.

사랑에 대한 수많은 개념을 면밀히 살펴본 플라톤은 스승인 소크라테스에게 자신이 가장 중요하게 생각하는 관점을 설명했습니다. 사랑이나 아름다움과 접촉함으로써 더 나은 내가 될 수 있는 조건을 얻게 되므로 우리가 다른 사람, 더 나은 사람이 될 수 있다는 것이었죠. 그런데 플라톤은 사랑에 빠졌을 때 사랑하는 사람의 신체적 아름다움에 매료되는 것은 사랑의 진행 과정 중 한 단계이며, 이는 첫 번째 단계인 경우가 많다는 점을 반드시 기억하라고 말합니다. 그 단계를 지나 훨씬 더 충만한 느낌으로 사랑을 말하려면 외모처럼 물리적인 측면보다 더 심오하고 변화나 시간의 흐름에 영향을 받지 않는 기준을 찾아야 한다고 말이죠.

외모에 반해 사랑에 빠진 젊은 연인을 상상해 보세요. 10년, 20년, 50년이 지나면 두 사람의 몸은 변화할 수밖에 없습니다. 두 사람 모두 상대방이 더 이상 아름다워 보이지 않는다면 이들의 사랑은 약해지고, 결국 끝나게 될까요? 플라톤은 신체적인 아름다움이 불꽃에 불을 붙일 때는 중요한 역할을 하지만 이 사랑의 불꽃은 다른 형태의 아름다움에서 연료를 공급받아야 하며, 그 아름다움은 두 사람이 찾아 나가야 한다고 생각했습니다.

# 08 우리는 무엇에 감동할까?

잔인한 폭군이었던 페라이의 알렉산더가 어느 연극 공연을 보던 중 너무 감동해 눈물을 보이지 않으려 도망을 갔다는 이야기가 있습니다. 그런데 이 폭군은 누군가를 죽음으로 내몰았을 때는 한 번도 감정이 흔들린 적이 없었어요. 이 이야기는 어떤 의미를 담고 있을까요?

트로이의 두 여인 헤카베와 안드로마케가 그리스인들에게 남편과 자식을 잃고 노예가 되었다는 비극적인 사연에 잔인무도한 폭군이 감동을 받아 눈물을 터뜨렸다면 믿어지나요?

여러분도 감동을 받은 영화가 있을 거예요, 그렇죠? 두 눈을 질끈 감게 만들 정도로 끔찍한 영화도 있었나요? 책을 읽을 때도 그런 감정을 느낀 적이 있을 것이고, 어떤 이야기는 잠깐 숨을 멈추게 만들기도 했을 거예요.

그렇다면 작품에 나오는 이야기들이 실제로 일어나고 있는 일이 아니고, 등장인물들 역시 상상의 존재이며, 연기를 하는 배우들은 그저 자신의 대사를 하고 있는 것뿐이라는 사실을 잘 알고 있는데도 우리에게 이렇게 큰 영향을 끼치는 이유를 한번 알아봅시다.

영국의 시인이자 철학자인 콜리지는 우리가 작품에 몰입하면 아주 기이한 일들에 대한 불신을 잠시 중단시킨다고 말했습니다. 우리가 어떤 이야기를 읽을 때나 영화를 볼 때 묘사되었거나 표현된 장면을 진짜라고 받아들이는 것을 의미합니다. 정말 믿는 것은 아니지만 실제로 일어나고 있는 일이라고 생각하게 되는 것이죠. 마치 어린아이들이 다른 누군가인 것처럼 행동하는 역할놀이를 할 때처럼, 영화나 소설 속의 이야기가 우리를 끌어들이는 겁니다.

이처럼 허구의 이야기는 우리의 감성에 영향을 끼치고, 주인공들의 대사와 사건은 우리를 감동시킵니다. 이뿐이 아닙니다. 때로 내가 그 주인공의 상황에 놓인다면 어떻게 할 것인지 생각해 봅니다. 그리고 그런 생각을 할 때마다 우리 자신은 인지하지 못하지만 소설이나 영화, 연극의 허구 이야기가 나 자체와 꿈과 욕망, 두려움처럼 애써 생각하지 않아도 항상 우리와 함께하는 것들을 비범한 방식으로 바라보게 만듭니다.

허구의 이야기에 대한 불신을 어느 시점까지 끌고 갈 것인지, 또 그것을 우리가 의식적으로 선택하는지에 대해서는 말하기 어려워요. 모든 이야기가 같은 방식으로 끌어들이는 것은 아니지만, 우리는 꽤 오랫동안 그 이야기에 강렬하게 빠져들죠. 허구의 마법이 작동되면, 우리의 뇌는 그 이야기 속에 몰입되고, 그 이야기들은 현실보다 더 현실적으로 보입니다.

# 나의 무의식에는
# 무엇이 있을까?

다른 사람들을 관찰하고 하는 말을 들어도, 타인이 느끼는
모든 것과 그들의 생각이 어떻게 바뀌는지는 확실히 파악할
수 없습니다. 항상 숨어 있는 무엇인가 있죠. 그렇다면 내
안에도 스스로 숨기고 있는 부분이 있을까요?

내가 한 경험과 만났던 사람들, 다른 사람들이 한 말과 행동 그리고 내가 느낀 욕구는 모두 내 안에 흔적을 남깁니다.

이 흔적은 눈 위에 남은 발자국처럼 사라지지 않아요. 살아남아서 서로 얽혀 지속적으로 나에게 영향을 끼치고, 특정한 것을 선호하거나 기피하게 만들고, 이유도 잘 모른 채 자기 자신을 확신하거나 불신하게 만듭니다.

우리는 자기 자신을 힘들게 하거나 스스로 자신의 태도를 바꿀 수 없을 때가 있는데, 이는 '강한' 그 무언가가 의식 아래에서 움직이면서 우리의 변화를 방해하기 때문입니다.

이 모든 것을 설명하기 위해 심리학자 지그문트 프로이트는 '무의식'과 무의식이 꿈에 미치는 영향을 연구했습니다. 우리가 잠이 들어 주변에서 일어나는 일을 인식하지 못하게 되었을 때, 우리의 무의식에 접근하는 길을 열어 주는 몇몇 이미지와 장면이 꿈으로 나타납니다. 그러나 꿈은 투명한 창문이 아니기 때문에, 무의식의 내용은 항상 변형되어 나타나고 이에 대한 해석이 필요하죠.

프로이트는 우리의 의식적인 '자아'를 겉으로 떠올라 있는 빙산의 꼭대기 부분에, 무의식은 물속에 잠겨 있는 부분에 비유했습니다. 이는 우리가 '내 안에서' 일어나는 모든 일을 인식

할 수 없다는 중요한 사실을 강조하죠.

프로이트에 의하면, 무의식에는 자아 위에 존재하며 자아의 행동을 판단하는 심판자인 '초자아'가 있습니다. 초자아에는 한 사람이 어릴 때부터 부모님과 선생님으로부터 전달받는 금지 사항이나 명령, 행동의 본보기 등이 저장되죠. 이 모든 요소가 자아에게 어떻게 행동해야 하는지에 대해 '압력'을 가합니다. 하지만 그와는 완전히 다른 방향으로 밀어붙이는 수많은 무의식적 욕망, 즉 프로이트가 '이드(id)'라고 부르는 심리의 일부 욕망과 충돌하게 됩니다.

이러한 것들을 종합해 보면 '자아는 자기 집의 주인이 아니다'라는 결론을 얻을 수 있습니다. 왜냐하면 자아는 무의식에서 발생하는 충동에 지속적으로 노출되는 데다가, 항상 타인과의 유대 관계를 강요하는 현실을 고려해야 하기 때문입니다. 그래서 우리는 분명 쉽지 않은 상황에 놓여 있습니다. 자아가 고통스러워하면 우리는 자기 자신을 어떻게 도울 수 있을까요?

프로이트는 무의식이 완전히 표면으로 드러날 수는 없다 해도, 짓누르고 있는 압박을 함께 살펴 줄 수 있는 사람들과 대화하는 것이 많은 도움이 된다고 말했어요. 수면 아래에 잠긴

빙산의 존재를 모르는 척하지 말고, 스스로 모든 것을 알 수는 없다는 사실을 알아차려야 합니다.

# 진짜 '나'는 누구일까?

아테네의 영웅인 테세우스의 배는 그가 죽은 후에도 수 세기 동안 바다를 돌아다녔습니다. 부품 하나가 낡으면 완전히 똑같은 새로운 부품으로 교체되었죠. 그러던 어느 날, 마지막 하나 남았던 원래 부품마저 교체되었습니다. 그렇다면 이 배의 주인은 여전히 테세우스일까요, 아닐까요?

테세우스의 배에 대한 역설은 매우 복잡합니다. 마모된 부품을 모두 아테네로 가져가 항구의 안전한 곳에서 재조립했다고 가정해 봅시다. 그러한 상태에서 항해 중인 배도 마지막 부품을 교체하면 완전한 배 두 척이 있게 되죠. 한 척은 바다에 있고 아직 항해가 가능하며, 다른 한 척은 아테네에서 배의 원래 부품으로 재조립되어 보존되어 있어요. 두 척의 배 중 진짜 테세우스의 배는 어느 것인가요? 둘 다 테세우스의 것일 수 있나요? 아니면 둘 다 아닌가요?

테세우스 배의 예는 자신의 정체성을 성찰하기에 좋은 출발점입니다. 여러분은 말을 하기 시작한 때부터 자신의 이름과 '나'라는 대명사를 연관시켜 줄곧 '나'라고 말해 왔습니다. 그러나 지금 '나'라고 말하고 이 책을 읽을 수 있는 사람은 두 살 때 '나'라고 말했던 어린아이와는 매우 다릅니다. 우선 기억과 생각, 경험, 능력이 무척 다를 것입니다. 앞서 언급한 두 척의 배에서 교체된 부품인 판자와 밧줄, 돛이 처음과 똑같지 않은 것처럼, 어릴 적과 지금의 '나'는 신체의 세포도 같지 않습니다.

그렇다면 여러분의 정체성은 무엇을 기초로 하고 있기에 몇 개월, 몇 년이 지나도 항상 같은 '나'로 느끼는 걸까요? 이

질문에는 다양한 대답을 할 수 있습니다.

영혼의 존재를 믿는 사람들은 모든 사람의 정체성이 과학자들이 사용하는 도구로는 관찰도, 측정도 되지 않는 비물질적인 실체가 바탕이라고 주장합니다. 반면, 정체성은 우리가 사물에 대해 말하고 표현하는 방식에 의해 만들어지는 환상이라고 생각하는 사람도 있죠. 나 자신을 일컫기 위해 '나'라는 대명사를 계속 반복하면서 이 대명사가 지속적으로 가리키는 무엇인가를 믿게 되지만, 실제로 내 안에서 계속 동일하게 지속되는 것은 아무것도 없습니다.

영국 철학자 존 로크에 의하면, 우리 각자의 정체성은 기억을 바탕으로 합니다. 혹은 기억이 닿는 한 '나는 이러하다'와 '나는 이러했다', '내가 한다'와 '내가 했다'와 같이 연속적인 서술로 연결되는 것이라고 할 수도 있겠죠. 이처럼 기억은 개인의 정체성에 매우 중요하기 때문에, 예를 들어 왕의 모든 기억이 갑자기 어느 구두 수선공의 몸으로 옮겨 가면 이 구두 수선공은 결국 왕의 정체성을 갖게 됩니다. 존 로크는 개인의 정체성은 우리가 역사와 그 역사를 한데 묶는 끈, 즉 기억을 갖고 있다는 사실에 기초한다고 추론했습니다. 따라서 정체성이 있다는 것은 언제나 나 자신과 동일한 상태를 유지하는 것을 의미하는 것이 아니라, 나의 지속적인 변화를 인지할 수 있다는 것을 의미합니다.

그러나 우리에게는 기억 이외에 더 많은 것이 있습니다. 정체성은 우리가 배우는 것을 비롯해 생각, 스스로 형성할 줄 아는 것, 그리고 우리가 인식하는 것을 기초로 수정되죠. 이 또한 정체성이 고정된 윤곽이 아니라 우리의 움직임에 따라 확장 및 이동되는 지평선과 같은 이유입니다. 더 높이 올라 더 많은 것을 보려면 생각과 상상력을 발휘하게 해 주는 모든 수단이 큰 도움이 됩니다. 여러분도 지금 손에 들고 있는 이 책 외에 더 떠오르는 것들이 있나요?

# '인간다움'의 정의가
# 의심스러울 때

삶의 가치/목적/도덕에 관한 철학적 질문들

2장

# 적당한 선은
# 무엇일까?

델포이의 아폴론 신전에는 '그 어떤 것도 지나치지 마라(Ne Quid Nimis)'라는 말이 적혀 있었습니다. 세상 모든 사람을 향한 이 메시지는 어떤 의미를 담고 있을까요? 그 어떤 경우에도 너무 앞서가거나 과장하면 안 된다는 것이죠! 그렇다면 이 '지나치다'는 것의 기준은 어떻게 알 수 있을까요?

우리는 어릴 때부터 항상 이런 말을 들어왔습니다. 너무 많이 먹지 마라, 너무 적게 먹지 마라, 너무 빨리 뛰지 마라, 너무 땀내지 마라, 목소리를 너무 크게 내지 마라, 게임을 너무 많이 하지 말아라, 스마트폰을 니무 오래 들여다보지 말아라 등등이죠.

그런데 잔소리를 하는 어른들도 주의해야 합니다. 간혹 걱정이 지나칠 때가 있고, 바라는 것이 너무 많거나, 어떤 상황에서는 아예 신경을 쓰지 않고, 또 어떤 상황에서는 지나칠 정도로 선을 넘을 때가 있으니까요. '그 어떤 것도 지나치지 마라'라는 문구는 고대 세계의 현자 7인 중 한 명인 솔론이 세상 사람들에게 정확한 선을 무시하거나 넘지 말라고 권유한 말입니다.

그렇다면 이 선은 무엇일까요? 사실 선은 어디에나 있습니다. 예를 들어 식물은 물이 있어야 살 수 있어요. 그런데 물이 너무 많거나 혹은 너무 부족해도 죽을 수 있죠. 빛과 온도도 마찬가지입니다. 과잉과 부족, 두 가지 모두 식물에게 해를 끼칠 수 있어요. 지구 온난화의 문제를 안고 있는 현시대에는 기온이 너무 높아 일부 동물 종에도 심각한 문제들이 생기고 있습니다. 생태계에는 인간과 관련된 일부 요소들이 지나치게 증가하거나 지나치게 감소하면 균형이 깨져 불안정해지기도 해요. 우리 주변에서도 도로와 집을 지으려고 토지를 과도하게 개발하는 통에 환경이 오염되고 녹지가 지나치게 부족해진 풍경을 흔히 볼 수 있습니다. 이 풍경 속에도 자동차 속도 제한 표시판이나 최대 탑승 인원이 적힌 표시 등 초과하면 안 되는 선이 존재해요. 그리고 기차역에도 선로를 따라 넘어가선 안 되는 노란 선이 그어져 있죠. 이 선을 넘으면 달리는 기차에 너무 가까이 다가서게 됩니다.

이러한 선은 여러분의 가정에서도 찾아볼 수 있어요. 예를 들어 주방에서는 요리에 들어가는 재료의 양과 조리 시간을 지켜야 하고, 목욕탕에서 샤워할 때는 물을 너무 콸콸 흘려보내지 말아야 하고, 방에 사람이 없을 땐 불을 꺼 지나치게 에너지를 낭비하지 않도록 주의해야 하죠. 일상 속에서 한계를 넘으면 그 결과가 좋지 않고, 때로는 위험한 상황이나 꽤 심각한 손해가 생기기도 합니다.

이러한 선을 알고 있는 것이 중요하긴 하지만, 때로는 그것만으로 충분하진 않아요. 그리고 우리 주변에 있는 선을 모두 아는 것은 불가능할뿐더러, 그 선이 가까워졌을 때를 알아내는 통상적인 방법이 있는 것도 아닙니다. 어떨 때는 정말 쉽게 선을 알아내기도 하고, 어떨 때는 느끼기가 아주 어렵죠. 심지어 선을 넘기 직전이라는 것을 알면서도 멈출 수 없을 때가 있어요.

그렇다면 우리는 어떻게 해야 할까요? 고대 철학자들은 우리의 '한계에 대한 감각'을 개선할 수 있다고 했습니다. 그 개선은 우리가 흔히 넘어서곤 하는 어떠한 한계를 스스로 설정하는 연습에서 출발하는데, 아주 사소한 것부터 시작해야 합니다. 혹시 스마트폰을 보고 있는 시간이 너무 긴가요? 그럼 스마트폰을 사용하지 않는 시간을 정해 보세요. 처음에는 10분 정도로 짧게 잡는 것이 좋겠죠. 혹시 너무 오래 앉아 있나요? 매일 적어도 10분 이상 운동하기를 목표로 세우고 몸의 균형이 잡힐 때까지 점점 더 운동 시간을 늘려 보세요. 일단 도전해 보면 분명 성공할 수 있을 거예요!

# 12

# 인간은 선할까,
# 악할까?

우리는 때때로 관대하게 선을 베풉니다. 그와 반대로 뉴스
를 장식하는 폭력이나 전쟁에 대해서는 어떻게 생각하나
요? 인간은 분명 선할 수도, 악할 수도 있습니다. 그렇다면
우리의 진정한 본성은 무엇일까요?

영국 철학자 토머스 홉스는 통치를 위한 법률이 없다면 국가가 어떻게 존재할 수 있을지 생각해 봤어요. 이런 상황에서는 아무것도 통제가 되지 않을 것이며, 우리는 다른 사람들에게 공격적이고 악하게 굴 거예요.

인간이라는 존재는 공동체의 일부가 되어 제도와 규칙을 따를 때 문명의 시민이 되고 다른 사람들을 존중합니다. 이러한 기반에서 국가 내에 평화가 유지될 수 있어요. 그렇다고 문제가 다 사라지는 것은 아닙니다. 다른 국가 간의 전쟁 가능성을 완전히 없앨 수 없고, 갈등 속에서 서로 싸우는 자들은(원래는 문명인이었죠) 난폭한 짐승처럼 행동하죠. 불행하게도 우리는 이것이 무슨 뜻인지 잘 알고 있습니다. 언론의 보도를 통해 아직도 이 세계에 존재하는 전쟁 지역의 잔혹한 실체를 확인했기 때문이죠.

그렇다면 우리의 본성은 어느 쪽일까요? 이 질문을 깊이 생각해 보려면, 홉스와 다른 시각으로 사물을 바라본 또 한 명의 철학자 장 자크 루소의 생각을 알아야 합니다. 이 사상가의 의견에 따르면, 우리는 다른 사람과 접촉하며 살기 때문에 서로를 적대시하고 기만하게 됩니다. 루소는 우리 선조들이 최초의 마을을 세웠을 때를 상상했어요. 처음에는 분명 사랑과 우정 같은 감정이 더 컸을 것이고, 그러한 감정이 다양한 부족들 간에 강한 유대감을 형성했습니다. 하지만 얼마 지나지 않아 매일 서로를 만나다 보니 사람들 사이에서 비교를 하기 시작하고, 개인의 기호가 또렷하게 드러나고, 경쟁도 하게 됐어요. 남보다 낫다는 평가에 더 만족하는 사람이 있는가 하면, 그렇지 못해 괴로운 사람도 있었죠. 그렇게 시기심과 자부심, 수치심, 허영심과 같은 기타의 감정도 생겨나 지금까지도 우리와 함께하고 있습니다.

학교는 친구들과 많은 시간을 보내는 곳이죠. 여러분도 학교에서 집단 따돌림을 목격했거나 직접 당한 적이 있을 수 있고, 어쩌면 딱히 이렇다 할 이유 없이 그저 여러분이 더 우월하다고 느끼기 위해 친구를 놀리거나 어려움에 빠트렸을 수도 있어요.

따라서 인간이 선천적으로 선한지 악한지를 정하기보다는, 우리를 두 방향으로 몰고 가는 것이 무엇인지를 아는 것이 중요합니다. 루소에 의하면 인간의 본성은 선과 악, 두 가지 모두를 기반으로 하고 있습니다. 선과 악 중 하나를 더 많이 싹트게 하는 것에는 교육과 우리가 살고 있는 사회의 유형이 중요하게 작용합니다. 물론 선과 악의 차이를 만드는 것은 항상 개인의 선택, 즉 선한 행동을 할 가능성과 악을 행할 가능성 사이의 갈림길에 섰을 때 내리는 선택에 달려 있지만요.
여러분은 어떤 방향에 더 가까이 가고 있나요?

# 13

# 모든 질문에
# 정답이 있을까?

어릴 때엔 어려워 보이던 질문이 지금은 쉬운 경우가 있을 거예요. 그러나 아직까지도 어렵게 느껴지는 질문들이 있습니다. 그렇다면 나중에는 그 질문들이 어떻게 보일까요? 세상에는 영원히 대답할 수 없는 질문이 있을까요?

이 책에서 여러분은 지난 세기 동안 위대한 사상가들이 다양한 답을 제시했던 질문들을 만나고 있습니다. 모두를 설득할 답을 찾기가 불가능한 질문들을 스스로에게 할 수 있는 우리의 능력이 참으로 놀랍지 않나요? 그렇다면 왜 이런 질문을 하게 되는 걸까요? 정말 절대 답할 수 없는 질문이 있을까요? 아니면 그저 정답을 알아보기가 아주 힘든 것일 뿐일까요?

여러분도 이것이 의심스럽다면, 독일의 철학자 임마누엘 칸트처럼 "내가 무엇을 알 수 있을까?"라고 자문해 볼 수 있습니다. 물론 이 또한 어려운 질문일 수 있어요. 하지만 '절대 알 수 없는 것'과 '언젠가는 알 수 있는 것'을 구분하고 새로운 발견을 하며 주위에서 일어나는 일을 지속적으로 배울 수 있으므로 우리에게 유용할 거예요.

우주는 무한할까요, 아닐까요? 칸트는 이 질문에 답하려면 우리의 사고가 경험할 수 있는 모든 경계를 넘어야 하는데, 그 경계를 넘는 순간 우리의 생각은 말 그대로 헛돌게 되어 누구도 답하지 못할 것이라고 말했어요. 마치 체인 없는 자전거 페달로 바퀴를 굴릴 수 없는 것과 마찬가지죠.

요약하면, 우리는 우주가 공간 속에서 유한한지 무한한지 결코 알 수 없을 것이며, 우주가 영원한지 시간적 한계가 있는

지도 알 수 없습니다. 또한 물체가 단순한 구조인지, 아주 복잡한 부분들로 구성되어 있는지도 알 수 없을 것입니다. 칸트는 우리가 진정 자유로운지 아닌지도 결코 알 수 없을 것이라 생각했어요. 왜냐하면 모든 자연 현상이 그렇듯 먼저 발생하고 그 후에 뒤따르는 사건들에 의해 우리의 선택 조건이 만들어지기 때문입니다. 그리고 우리는 신의 존재에 대해서도 아무런 대답을 할 수 없을 것입니다.

세상 모든 이론이 그렇듯, 누구나 칸트의 의견에 동의하는 것은 아닙니다. 여러 추론을 통해 직접적인 경험이 가능한 것들을 통합하여 끈질기게 답을 찾으려는 사람들은 존재하죠. 여러분은 칸트의 말에 동의하나요? 답을 할 수 없는 질문이 있는지를 자문하는 것도 우리가 절대 답할 수 없는 질문일 수 있습니다.

또 다른 철학자 루트비히 비트겐슈타인은 다른 관점으로 이 문제에 접근했습니다. 그의 의견에 따르면, 특정 단어가 일상적인 용도가 아닌 다른 의도로 사용되었다는 생각이 드는 순간 우리는 엄청난 시련을 겪게 됩니다. 예를 들어 '신'이라는 말은 종교적으로 기도를 하거나 종교 경전을 읽는 사람에게는 문제가 되지 않지만, 신이 무엇인지 혹은 어떻게 만들어진 존재인지 의문을 품는 사람에게는 문제가 됩니다. 이러한 유형의 질문을 받으면 우리는 '덫'에 빠지게 되죠. 이는 언어가 우리를 현혹해 답을 할 수 없게 만들기 때문인데, 그럼에도 답을 하려면 우리가 있을 수 없는 곳, 즉 시간과 공간을 벗어난 곳에 있어야 해요.

한마디로, 사물에 대한 관점과 언어에는 우리로서는 넘을 수 없는 한계가 있다는 점을 겸손한 자세로 받아들여야 합니다.

# 14 목적이 수단을 정당화할 수 있을까?

이 질문은 아주 유명하죠. 우리가 사는 세상에서는 안타깝게도 여전히 전쟁이 벌어지고, 특정 가치를 추구한다는 명목으로 전쟁의 폭력이 정당화되고 있습니다. 그렇다면 '무슨 짓을 해도 그럴 만한 가치가 있는 목표'가 정말 있는 걸까요?

자신의 목적을 달성하기 위해서라면 '무엇이든 할 준비'가 되어 있다고 말하는 사람들에 대해 어떻게 생각하나요? 자신의 목적을 이루기 위해 수단을 가리지 않는 것이 현명한 걸까요? "목적이 수단을 정당화한다"는 피렌체의 위대한 사상가 니콜로 마키아벨리가 한 말로 알려져 있습니다. 사실 그의 저서에서는 이 문구를 찾아볼 수 없죠. 마키아벨리와 이 문구의 연관성은 그가 《군주론(Il Principe)》이라는 책에서 권력을 장악하고 보존하는 방법에 관해 부도덕한 조언을 했다는 점에서 추측할 수 있어요.

이 책에는 매우 엄격하고 직설적인 지침들이 담겨 있습니다. 군주가 권력을 유지하기 위해 선하지 않는 법, 즉 필요에 따라 '악해지는 법'을 알아야 한다고 기록돼 있죠. 자신의 의도를 가장하고 감추는 법을 배워야 하고, 윤리적인 규칙을 지키지 않으며, 계약을 맺은 사람들의 신뢰를 배신하고 또 필요하다면 자비나 인류애, 종교에 반하는 행동을 할 준비가 되어야 한다고 조언합니다.

마키아벨리가 좀 더 자극을 주기 위해 본보기로 제시한 인물을 예로 들어 볼게요. 발렌티노 공작은 민중의 눈에 멋있게 보이고자 자신에게 충실한 협력자를 처형했고, 자신을 상대로 음모를 꾸민 자들과 화해한 후(화해하는 척했죠) 가차 없이 체포해 교살해 버렸습니다.

마키아벨리는 권력을 잡거나 유지하려면 수단을 가리지 않을 준비가 되어 있어야 한다는 메시지를 전하려던 것 같아요. 그러나 그의 책을 읽으면 수단과 목적 간의 관계가 더 복잡해집니다.

우선 우리의 생각과 달리, 마키아벨리는 자신의 권력을 행사하기 위한 수단으로 무력에만 의존하는 폭군을 높이 평가하지 않습니다. 달성하고자 하는 목적 그 자체가 모든 수단을 사용하는 것을 정당화하지는 않죠. 수단과 목적에서 차이를 만드는 것은 자신의 한계와 모든 것에 숨어 있는 불확실성을 놓치지 않고 제대로 추론할 수 있는 능력입니다.

어제는 성공으로 이끌어 준 방식이 내일은 파멸을 불러올 수 있기 때문에, 그 어떤 수단도 모든 환경에서 효율적일 수는 없습니다. 인간의 역사는 항상 움직이고 계속 오르락내리락하기 때문에 우리는 그 변화를 잘 관리할 수 있어야 합니다.

그렇다면 한 나라를 통치하는 사람은 어떻게 해야 할까요? 나라의 안정을 원한다면 권력층과 민중 간에 지나친 불균형이 생기지 않도록 해야 할 것입니다. 모든 사람이 자신이 가진 것에 충분히 만족하면 국가 전체와 통치자 모두 더 강해지죠.

여기서 조언을 하나 덧붙이자면, 자신의 목표를 달성하기 위해서는 비록 나와 다르더라도 다른 사람들의 목표와 연결하는 방법을 찾는 것이 좋아요. 단결은 힘을 만들기 때문이에요. 축구팀이나 배구팀을 생각해 보세요. 한 선수가 자신의 역할에서 최고가 되겠다는 열망을 품고 있더라도, 동료들의 앞길을 막으면 실패할 수밖에 없습니다. 다른 선수들도 최선을 다할 수 있는 조건에 놓이도록 협력해야만 본인의 실력을 보여주고 경기에서 이길 수 있죠.

# 15

# 내 삶을 스스로 통제할 수 있을까?

우리는 이따금 올바른 결심을 하고 의지를 불태울 때가 있습니다. '이제 그 습관을 그만둬야 해.', '그 일을 시작해야 해.' 그렇지만 결심한 일을 하거나 스스로를 변화시키고 자신의 습관을 바꾸는 데 항상 성공하는 것은 아닙니다. 오히려 아주 어려운 경우가 많죠. 여러분도 그런가요?

우리는 누구나 발전할 수 있습니다. 자신을 잘 돌보거나 좋은 친구가 되거나, 학교생활을 성실히 해내거나 운동을 열심히 하는 등 남보다 나은 선택을 하고 좋은 습관을 들일 수 있죠.

수많은 위대한 철학자들이 행복하게 살기 위한 방법을 알아내려 노력했어요. 그중에는 에픽테토스도 포함되어 있는데 실제로 그가 남긴 기록은 없습니다. 하지만 다행히도 한 학생이 그의 생각을 수집한 덕분에 현재 우리가 그의 '지침서'를 볼 수 있게 되었죠. 로마에서 노예 생활을 했던 에픽테토스는 해방이 된 후에 학교를 세우고 제자들을 가르칠 만큼 천재적인 직관을 소유하고 있어 위대한 황제 마르쿠스 아우렐리우스도 그의 가르침을 주의 깊게 들었죠.

에픽테토스가 잘 살고 싶어 하는 사람들에게 전달하는 주요 지침 중 하나는 나로 인해 달라지는 것과 그렇지 않은 것을 구분하는 법을 배우는 것입니다. 달라지지 않는 것으로는 성공이나 명성, 다른 사람들의 나에 대한 생각, 재산, 건강과 같은 것이 있습니다.

이 중에 이상한 것이 있지 않나요? 나에 대한 다른 사람의 평판과 자신의 건강은 스스로 만들 수 있잖아요. 당연히 에픽테토스도 이 점을 알고 있고 내 행동이 다른 사람과 자신의 삶에 대한 판단에 영향을 미친다는 사실을 부정하려는 것은 아닙니다. 다만 이러한 것들이 완전히 자신의 능력에 달린 것은 아니라는 점을 알리려 한 것입니다. 다시 말해, 자기 자신을 다잡고 최선을 다해야 하는 것은 맞지만 다른 사람이 정확하게 자신이 바라는 대로 생각해 주기를 기대해서는 안 된다는 거죠.

나 자신에 대해 집중해야 할 것은 '자신의 능력 안에' 있는 것들, 즉 생각이나 의견, 욕망, 행동 등 내가 어떻게 하는지에 달린 것들입니다.

누군가 여러분에게 공격적인 말을 한다고 상상해 봅시다. 화를 내야 할까요? 아닙니다. 다른 사람이 하는 말은 여러분에게 통하지 않아요. 그들은 여러분의 진짜 모습도 알지 못하죠. 그들이 나에게 끼칠 수 있는 해는 내가 그들에게 갖고 있는 부담에 달려 있습니다.

또 다른 예를 들어 보죠. 여러분이 몹시 아끼는 것이 망가졌습니다. 어떻게 반응해야 할까요? 우선 알아 두어야 할 점은 그 무엇도 영원히 지속되지는 않으며, 아무리 귀한 것이라도 물건은 물건일 뿐이라는 점이에요. 주의를 기울이는데도 물건이 망가지는 일이 가끔 있습니다. 따라서 에픽테토스의 가르침에 따라 자신의 능력 안에 있는 것에 집중하고, 자신의 욕망과 기대를 너무 멀리 두지 않아야 잘 살 수 있답니다.

마르쿠스 아우렐리우스는 에픽테토스의 이러한 가르침을 매우 진지하게 받아들였어요. 종종 우리를 괴롭게 하는 것은 사물 그 자체가 아니라 우리가 사물을 표현하는 방식이며, 그 표현 방식이 사물을 실제보다 더 크고 중요하게 보게 만든다는 점을 깨달았습니다. 마르쿠스 아우렐리우스에 따르면, 이러한 원칙을 마음에 새기고 있으면 혼란스러운 현실에 대한 표현에 여기저기 끌려다니지 않고 살 수 있습니다.

# 16

# 과학을 무조건 믿어야 할까?

과학사의 특징은 꾸준한 발견과 거듭나는 이론입니다. 오늘날 대다수의 과학자가 확신하는 개념들이 몇십 년 후에는 완전히 뒤집힐 수도 있죠. 그렇다면 우리는 과학을 얼마 만큼 믿어야 할까요?

과학에는 완전한 일치가 없습니다. 중요한 문제에 대해 과학자들은 각자 다른 생각을 갖고 있고, 가설도 다른 가설과 논의하기 위해 필요한 것일 뿐이죠. 그렇다면 과학은 어떻게 작용할까요? 더 믿을 만한 과학자를 어떻게 가려낼 수 있을까요? 철학자 칼 포퍼는 이러한 과학의 추이를 이해하는 데 도움이 될 만한 연구를 했는데요. 그는 일단 과학적 방법에서 다음의 세 가지 중요성을 구분했어요.

1) 처음에는 대답하지 못했던 문제들과 수수께끼의 만남
2) 가설과 이론을 연구하여 그 수수께끼나 문제를 해결하려는 시도
3) 다른 의견을 가진 과학자들 간의 최선의 방안에 대한 가설 및 이론 논의

과학자들 간의 공개 토론은 가설과 이론에 포함된 오류를 발견하게 해 주고, 새롭고 중요한 의문을 떠올리게 한다는 점에서 필수적입니다. 과학 이론은 과거에 일어난 일과 매일 일어나는 일을 설명하는 것 이외에도, 미래에 일어날 일을 예측하고 아직 관찰되지 않은 현상에 대한 가설을 세우는 데도 필

요합니다. 이러한 예측이 사실에 근거하여 확인되지 않으면 과학자들은 포기하지 않고 어디서 무엇이 잘못된 것인지 찾기 시작하죠.

이에 대한 명확한 설명을 돕는 예가 하나 있어요. 뉴턴이 태양 주위에 있는 행성들의 움직임을 설명하는 법칙을 정의했을 때 천왕성은 아직 발견되지 않은 상황이었어요. 이후 천왕성이 처음 발견되었을 때 놀랍게도 이 행성은 우리가 이미 알고 있던 다른 행성들과 달리 뉴턴의 법칙을 따르지 않는 것으로 나타났습니다. 뉴턴의 법칙이 잘못된 것일까요?

그러자 누군가가 아직 밝혀지지 않은 다른 행성이 존재하며 그 행성이 천왕성의 움직임에 영향을 끼칠 수 있다고 가정하면 뉴턴의 법칙이 유효하다고 지적했어요. 몇십 년 후에 정말 그 새로운 행성이 발견되었는데, 그 행성은 천왕성의 움직임이 뉴턴의 법칙에 들어맞는 영향을 끼치기 위해 '있었어야' 할 곳에 있었답니다!

칼 포퍼는 과학적 주장은 언제라도 논쟁의 대상이 될 수 있고, 어떤 경우에는 '반증'된 것일 수 있다고 말했죠. 실제로 과학과 다른 교리를 구분하는 것이 이 '반증 가능성'이에요. 예를 들어 볼게요. '신은 존재한다'와 같은 주장은 '신은 없다'는 반

증 가능성을 경험으로 증명할 수 없기 때문에 과학적이지 않습니다.

그러나 뉴턴이나 아인슈타인의 이론과 같은 경우, 반박할 수 없는 진술과 예측이 포함되어 있었어요. 그들의 이론처럼 시간이 지나도 반증이 되지 않으면 그 과학적 추측은 더 큰 힘과 신뢰를 얻습니다. 사물의 실체를 밝히는 데 관심이 많은 사람들이 토론을 통해 확인하고, 자신들의 연구에 그 추측을 효율적으로 이용하기 때문입니다.

# 17

# 역사상 가장
# 위대한 발명은
# 무엇일까?

인류 문명의 발전을 이끈 바퀴는 아주 오래 전에 발명되었
다고 전해집니다. 최초의 문자 체계는 5천 년도 더 전에 만
들어졌고요. 최초의 비행기는 1903년에 잠시 동안 날아 올
랐죠. 최초의 웹서핑 프로그램은 1991년에 발명됐습니다.
이 중에서 우리에게 없으면 안 되는 것 딱 하나만 고르라면,
여러분은 무엇을 고를 건가요?

17세기의 영국 철학자 프랜시스 베이컨은 세상의 모습을 바꾸고 인간의 생활에 영향을 끼친 세 가지 발명품으로 나침반과 화약, 그리고 인쇄술을 꼽았습니다. 이 발명품 목록은 이제 옛것이 되어 버렸지만, 그가 이러한 것들을 선택한 이유는 여전히 살펴볼 필요가 있어요.

나침반은 하늘이 어두운 날에도 세계 어디에서나 방향을 알려 주어 항해나 지리학적 발견에 도움을 주고 지구상의 모든 장소와 사람들 간의 관계에 지대한 영향을 끼쳤습니다. 화약은 전투 방식에 혁명을 일으켰으며 인류의 파괴력을 키웠어요. 좋은 일은 아니지만 역사에 엄청난 흔적을 남긴 발명품이기는 하죠. 마지막으로 인쇄술은 단시간 내에 대량의 책을 생산할 수 있게 해 주어 지식의 확산에 기여했어요.

베이컨은 자신의 저서 중 하나에서 높이 800미터에 달하는 탑이나 매우 강력한 무기, 비행이나 수중 항해를 할 수 있는 수단, 멀리까지 소리를 전달할 수 있는 파이프 등 당시에는 믿을 수 없을 정도로 놀라운 것들이 발명되는 연구 센터를 상상했습니다.

베이컨이 대략적으로 상상한 것들 중에서 고층 건물이나 전화기, 엄청난 파괴력을 자랑하는 수많은 무기, 비행기와 잠

수함 등 일부는 실제로 만들어졌습니다. 베이컨이 주요 발명품을 선정한 지 거의 4세기가 지났으니, 이제 그의 목록은 갱신되어야겠죠.

그러나 발명의 중요성을 정의할 때, 인간과 환경에 긍정적인 영향을 끼친 것과 우리에게 피해를 입힌 것을 구분하는 과정이 필요해요. 매일 지구를 오염시키고 있는 발명품과 반대로 좋은 변화를 가져올 수 있는 발명품을 생각해 봅시다. 우리가 사용하면 수많은 사람을 죽음에 이르게 할 수 있는 발명품과(예를 들면 전쟁에 사용되는 무기와 같은 것들) 수많은 생명을 구할 수 있게 해 주는 발명품이 있죠.

발명품의 영향력은 발명품 그 자체에 있는 것이 아니라 사용된 용도에 따라 다르게 판단되기 때문에, 명확하게 두 가지 의도로 구분하기란 쉽진 않습니다. 그래서 현재도 인공 지능의 발전을 생각해 보면 다양한 분야에서 응용될 수 있다며 열광하는 사람도 있지만, 인공 지능의 과도하고 무분별한 사용에 뒤따를 수 있는 아직 드러나지 않은 위험을 두려워하는 사람도 있어요.

여러분도 아직 만들어지지 않은 발명품에는 무엇이 있는지 생각해 보세요. 특히 우리의 삶을 개선하고 세상의 심각한 문

제를 해결하는 데 기여할 수 있는 것은 무엇인지 고민해 보면

좋겠습니다.

# 18

# 문제를
# 해결하는 방법은
# 어떻게 찾을까?

여러분이 숲 한가운데에 뚝 떨어졌다고 상상해 보세요. 방향을 찾을 도구가 없다면 어떻게 해야 할까요? 무사히 사람들이 사는 곳까지 가려면 어떤 전략을 세워야 할까요? 또 만약 여러분이 미로에 갇혔다면, 출구를 찾기 위해 어떤 행동을 할 건가요?

고대 신화에 아테네의 영웅 테세우스가 미궁 안에서 끔찍한 괴물 미노타우로스를 죽인 후 양털 실뭉치 덕분에 무사히 빠져나올 수 있었다는 이야기가 있습니다. 테세우스는 미궁 안에 들어가자마자 아리아나가 준 실뭉치를 풀기 시작했고, 그 실을 따라서 빠져나올 수 있었던 것입니다. 이 신화에서 미궁은 명확하지 않고 출구가 보이지 않는 복잡한 상황과 비슷하고 아리아나의 실은 방법, 즉 따라가야 하는 길이나 전략을 나타냅니다.

미지의 숲은 방향을 찾을 도구가 없는 사람에게는 마치 미로처럼 느껴질 거예요. 프랑스 철학자 데카르트는 미지의 숲을 예로 들어 우리에게 현명하게 살아가는 방법을 생각해 보게 합니다. 그렇다면 숲에서 나가는 방법은 무엇일까요? 데카르트라면 아마도 길을 잘못 들어설 것이 두려워 멈춰 있으면 안 되고, 목적없이 헤매지 않아야 한다고 생각했을 것입니다. 그가 주장하는 요점은 일단 결정했으면 다시 생각하지 않고 명확한 규칙을 부여하여(예를 들면 정오에 태양의 위치로 방향을 잡아 남쪽으로 이동하는 식으로) 방향을 선택하는 것입니다. 어쩌면 가고자 하는 곳에 정확하게 도착하지 못할 수도 있지만, 어디인가에는 도착할 가능성이 있죠. 이러한 예에서 데카르트가 정말 관심을 두고 있었던 것은 우리가 직면한 문제의 해결책을 찾기 위해 지식의 폭을 넓히는 방법에 대한 정의였어요. 오랜 성찰 후에 데카르트는 다음과 같은 네 가지 규칙을 바탕으로 한 방법을 제안했어요.

1) 남의 말을 듣거나 느낌에 근거한 것이 아니라, 명확하고 분명한 것만 사실로 간주해야 한다. 2) 간단한 부분은 분석하고 해결하기가 훨씬 더 용이하므로, 모든 복합적인 문제를 아주 단순한 부분으로 분해하여 한 번에 하나씩 해결해야 한다. 3) 간단한 부분들을 명확하게 한 후에는 부분적인 분석과 방안을 취합하고 재구성하여 전체적인 해결책에 도달하도록 해야 한다. 4) 마지막으로 학교에서 수업이 끝난 후 배운 내용을 검토할 때처럼, 이제까지 한 것들을 재검토하여 잊은 것이 없는지 확인해야 한다.

이 지침은 인생을 살면서 어느 때나 적용할 수 있습니다. 어

떤 주제에 대한 공부가 잘 안 풀리나요? 그렇다면, 1) 문제의 성격과 그 원인(문법이나 발음, 어휘 등)을 명확하게 정의하고, 2) 문제가 되는 부분들을 소부분으로 나누어 한 번에 한 부분씩 집중해서 순서대로 해결합니다(예를 들면 불규칙 동사의 목록을 만들고 하루에 세 개씩 공부해 나갑니다). 3) 마지막에는 모든 부분을 되돌아보면서 이제 다 알게 되었는지 평가해 봅니다. 4) 빠트린 것이 없는지 확인하고 부족한 부분이 있다면 보충합니다.

여러분은 이제 문제를 해결하는 자신만의 방법을 갖게 되었나요? 그리고 데카르트의 지침이 여러분에게 도움이 될 것 같나요?

# 19

# 우리는 왜
# 타인에게 호감을
# 느끼고 공감할까?

누군가 다치는 것을 보면 마치 내가 고통을 느끼는 것처럼
몸이 움츠러들 때가 있습니다. 왜 이런 느낌이 드는 걸까요?

여러분이 누군가에게 호감을 갖고 있다면 그 사람과 함께 시간을 보내는 것이 즐겁고 그 사람의 행동 방식도 좋아 보일 거예요. 만약 그렇지 않다면, 여러분에게 그 사람은 비호감인 거죠. 사실 '호감'이라는 말은 좀 더 복합적인 의미를 지니는 데요. '느낌(páthos)'과 '함께(syn)', 즉 '함께 느끼다'라는 의미의 그리스어 심파테이아(sympátheia)에서 파생된 말입니다. 여기서 '호감'은 다른 사람이 느끼는 것을 함께 느낄 수 있다는 사실을 의미하기도 해요. 우리는 어떤 사람이 행복해하거나 눈물을 흘리는 것을 볼 때 그 사람이 느끼는 감정을 상상하고 기쁨이나 고통을 느끼게 됩니다. 우리는 거의 인식하지 못하지만, 다른 사람의 입장에서 생각하고 감정을 이해할 줄 알죠.

철학자 애덤 스미스는 인간이라면 누구나 공감과 상상력이라는 보편적 원리를 갖고 있다고 보았어요. 인간의 본성인 공감과 상상력이 결합되면 다른 사람의 입장이 되어 볼 수 있다고 생각했거든요. 우리는 다른 사람이 느끼는 것을 정확하게 똑같이 느끼지는 않지만, 강도는 더 약하더라도 매우 비슷하게 느낍니다.

호감과 공감은 역방향으로도 작용할 수 있습니다. 예를 들어 우리가 화가 난 사람을 보았을 때는 그 사람에게 호감을 느

끼지 않을 수 있어요. 그의 감정을 공유하는 것이 아니라 그 사람이 잘못되었거나 과장하고 있다고 생각해 화가 날 수도 있습니다. 그러나 우리가 공감하는 방식은 다른 사람의 감정적 반응과 그런 감정을 유발한 동기에 스스로 얼마나 동의하는지에 따라 달라집니다.

또한 애덤 스미스에 의하면, 우리가 다른 사람의 감정에 이입하는 정도는 그러한 감정을 불러일으킨 상황에 달려 있죠. 그래서 누가 아파하는 것을 보았을 때, 무슨 일이 있었는지 들으면 더 많이 공감하게 되는 것입니다. 심지어 어떤 사람의 사연을 알게 되면 남의 일이 아닌 것 같죠.

타인의 기쁨과 고통을 같이 느낄 줄 아는 우리의 능력은 책을 읽을 때나 영화, 드라마를 볼 때도 나타납니다. 실제가 아님을 알면서도 슈퍼 히어로가 난관을 극복하면 박수를 보내고, 부당하게 고통받는 인물에게는 안타까움을 느끼죠.

호감이나 공감은 이런 식으로 다른 사람을 이해하고 스스로가 이해받았다고 느끼게 해 줍니다. 이것이 사람들을 '합치게 만드는' 것이죠. 그래서 애덤 스미스는 이 감정을 사회적 유대감을 끈끈하게 만드는 핵심적인 접착제라고 생각했습니다. 철학자들이 말하는 공감(sympathy)은 다른 사람이 느끼는 것을 자신의 '내면에서 느낀다'는 의미의 '감정이입(empathy)'과 공통점이 많습니다. 한 신경과학자 단체가 뇌에서 거울 뉴런을 발견했는데요, 타인의 행동을 보고 마치 내가 직접 행동하는 것처럼 활성화되는 뉴런이죠. 이렇듯 타인에게 동조하는 능력은 사람들의 감정을 느끼고 공감할 줄 아는 우리 내면에서 시작된답니다.

# 왜 남의 시선을
# 신경 쓰는 걸까?

요즘은 자신의 외모를 수정해 사진을 찍을 수 있는 앱이 매우 보편화되어 있습니다. 이런 앱을 자주 사용하면 실제와 일치하지 않는 모습에 익숙해지기 때문에 문제가 될 수 있다는 의견도 있습니다. 여러분의 생각은 어떤가요?

소셜미디어는 우리에게 엄청난 영향을 끼치고, 내가 타인에게 어떻게 보일지 걱정하게 만듭니다. 셀카 사진을 찍을 때 사용하는 필터는 다른 사람이 봐 주었으면 하는 자신의 모습이기도 하죠.

왜 그런 마음이 드는 걸까요? 이 질문은 겉으로 보기에는 간단한 것 같지만 막상 대답하려면 어려워집니다. 사실 동물도 똑같은 행동을 합니다. 포식자의 사기를 떨어뜨리기 위해 신체의 일부를 팽창시키거나 부풀려 실제보다 몸집을 더 크게 보이게 해요. 혹은 방어를 위해 위장하거나 사냥을 위해 꽃이나 나무껍질, 바위처럼 보이게 만드는 동물도 있죠.

인간의 경우 상황이 훨씬 더 복잡합니다. 어떨 때는 아주 작은 부분만으로도 달라 보이고, 반대로 그 하나 때문에 비판을 받기도 하죠. 청소년기부터 외모로 평가를 받는다는 느낌을 너무 흔하게 경험하기 때문에 아마 여러분도 어느 정도는 알 거예요. 겉으로 드러나는 모습으로 그 사람을 평가하는 건 매우 쉽습니다. 하지만 겉모습 너머에 감춰진 그 사람을 제대로 알려면 아주 오랜 시간이 필요하고 끝내 알지 못할 수도 있습니다.

다른 사람들이 가진 물건을 사지 못해서 불만을 느낀 적이 있을 거예요. 혹은 그런 것 때문에 무시를 당하거나 조롱을 당하는 사람을 본 적이 있을지도 모르겠어요(어쩌면 여러분이 그랬을 수도 있죠). 우리는 왜 그렇게 느낄까요? 독일 철학자 허버트 마르쿠제가 이 문제를 생각하는 데 도움을 줄 거예요.

마르쿠제는 현대 세계에서 사람들이 쇼핑을 하고 값비싼 물질 재화를 소비하게 만드는 자극에 지속적으로 노출되고 있다고 지적했습니다. 실제로 정말 많은 사람이 자신에게 필요가 없는데도 남들 눈에 멋있게 보이기 위해 유행하는 물건을 사고 있죠. 마르쿠제가 기록한 것처럼 이러한 '소비주의' 분위기에서 사람들은 실제 내 모습보다는 소유한 상품을 통해 자신을 인지합니다.

이렇듯 우리가 소유하고 있는 것이 사람 그 자체보다 더 중요해 보이게 되었어요. 한 사람의 가치가 그 사람이 갖고 있는 자동차나 옷, 집에서 찾아지는 것이죠. 이것은 착각입니다. 정말 심각한 착각이에요!

우리 모두 이 착각에서 벗어날 수 있을까요? 혼자 빠져나오기는 힘들 거예요. 계속 혼자만 유행을 거스르고 있는 느낌을 받을 수 있죠. 그러나 겉모습에 치중하기보다는 말과 행동으로 보여 줄 수 있는 친구가 단 몇 명이라도 함께한다면 이 과정은 훨씬 쉬워질 것입니다. 결국 가진 것이 아니라, 그 사람의 상태와 행동으로 판단해야 한다는 사실이 중요합니다.

# 3장

# 보이지 않는 '진리'의 정체가 의심스러울 때

진리 탐구/성찰에 관한 철학적 질문들

# 절대 변하지
# 않는 것은 없을까?

수천 톤의 철로 만든 에펠탑의 크기가 매년 여러 차례 달라
진다면 믿을 수 있나요? 아마 못 믿을 거예요. 그런데 사실
이랍니다. 어떻게 가능한 걸까요?

프랑스의 명물 에펠탑의 높이는 1889년 설립 당시 312미터 였습니다. 여기에 안테나 몇 개가 추가되어 330미터까지 높아 졌죠.

그런데 에펠탑의 공식 웹사이트에 들어가 보면 여름에는 탑의 높이가 몇 센티미터 더 높아지고 겨울에는 줄어든다고 기록되어 있어요. 탑의 소재인 철의 성질 때문에 일어나는 변화인데, 다른 금속과 마찬가지로 철도 열팽창을 하기 때문에 기온이 올라가면 부피가 늘어나고, 기온이 내려가면 줄어드는 것입니다. 이뿐이 아니에요. 햇볕에 노출되어 더 많이 뜨거워 진 부분은 길게 늘어나고, 그늘 쪽에 있는 부분은 상대적으로 더 짧아져 탑이 기울어지기도 하죠.

에펠탑처럼 겉으로 보기에는 안정적이고 움직이지 않는 것 같지만 실제로는 그렇지 않은 것들이 많습니다. 고대 철학자 헤라클레이토스는 "모든 것은 흐른다"라고 말했어요. 정말 모든 것이 움직이거나 어떤 식으로든 변화할까요?

헤라클레이토스는 우리가 사물에 대해 말하는 방식이 우리 자신을 속일 수 있다고 지적했어요. 만약 여름에 강에 가서 물놀이를 두 번 했다면, 여러분은 깊게 생각하지 않고 같은 강에 서 물놀이를 두 번 했다고 말할 것입니다. 그러나 정확히 말하면 그렇지 않아요. 헤라클레이토스의 말에 따르면, 처음 갔을 때의 강물과 두 번째 갔을 때의 강물이 바뀌었으므로 같은 강이 아니에요(여러분 역시 첫 번째와 두 번째 물놀이를 서로 다르게 했을 거예요. 두 번째에서 물놀이를 더 오래 했을 수도 있고, 다른 방식으로 놀았을 수 있죠).

그렇다면 정말 꼼짝하지 않고 항상 원래와 완전히 똑같은 것은 없을까요? 거대한 산은 어떨까요? 바람과 비가 작용하면서 전체 산의 형태가 만들어지죠. 그렇다면 산에 있는 작은 돌 하나는 어떨까요? 작은 돌에도 기원이 있고, 항상 지금 모양 그대로 존재한 것은 아닙니다. 만약 우리가 그 안에서 일어나는 일을 관찰할 수 있다면 돌을 구성하는 원자 차원의 수많은 움직임을 발견하게 될 거예요. 마찬가지로 수많은 물질로 이

루어진 지구라는 행성도 원래부터 이런 모습이 아니었고, 지금의 모습이 영원히 계속되지도 않아요.

　헤라클레이토스는 우주 전체가 마치 '영원히 살아 있는 불'처럼 계속 변화하고 있다고 말했습니다. 이 불이 더 잘 타게 만드는 것은 서로 반대되는 것들, 즉 더위와 추위, 혹은 삶과 죽음과 같은 것들입니다. 여러분도 일상생활에서 관찰할 수 있어요. 열이 나는 무엇인가에 가까이 다가가면 손에 든 사물이 뜨거워지고, 멀어지면 차가워지죠. 때로는 성질이 변하기도 하는데, 예를 들어 물은 얼음이나 증기가 될 수 있어요. 그리고 살아 있는 모든 것은 죽음을 향해 가는 한편, 죽는 것은 새로운 생명의 영양분이 될 수도 있습니다.

# 22

# 아름다움이란 무엇일까?

어떤 그림의 크기를 잴 때 모두 똑같은 자를 사용하면 같은 측정 결과를 얻을 수 있습니다. 두 사람이 측정하든, 열 사람이 측정하든 차이가 없을 거예요. 하지만 어떤 그림의 아름다움에 대해서는 각자 다른 의견이 나오죠. 왜 그럴까요?

아테네의 위대한 철학자 소크라테스는 "이것은 무엇인가?"로 시작되는 질문으로 유명합니다. 예를 들어 정당하고 용감한 행동에 대해 말하는 사람에게 "정의란 무엇인가?" 혹은 "용기란 무엇인가?"라고 물었죠. 소크라테스는 아테네에서 만난 사람들에게 이런 질문을 하면서 많은 이들이 자신이 사용하는 용어를 정확하게 설명할 줄 모른다는 것을 깨달았어요.

그래서 도시에서 가장 현명하다고 소문난 사람들과 대화해 봐야겠다고 생각한 그는 수많은 정치인과 시인, 장인을 만났습니다. 모두 자신의 질문에 곤란해하는 것을 보고 그들 역시 스스로 안다고 말하는 것에 대해 사실은 전혀 모른다는 것을 알게 됐죠. 소크라테스는 이것을 아주 심각한 문제라고 생각했습니다. 자신과 대화를 나눈 사람들이 아주 중요한 문제에 대해 명확히 아는 것이 없는 상태에서 말하는 것 같았기 때문이죠.

소크라테스는 사람들에게 질문할 때 아주 까다로웠습니다. 예를 들어 "아름다움이란 무엇인가?"라는 질문을 던졌을 때 아름다운 것을 나열하는 것만으로는 만족하지 못하고, 그 아름다운 것들을 아름답게 만드는 것이 무엇인지 아주 정확하게 말해 보라고 했어요. 여러분이라면 어떻게 답했을까요? 어떤 사람은 아름다움에는 조화와 균형이 있기 때문에 균형이 잘 맞고 선하고 유용한 것이 아름답다고 대답했고, 어떤 사람은 기쁨을 주는 것이 아름답다고 대답했어요. 그러나 그 많은 대답 중 모든 사람이 동의하는 답은 하나도 없었어요.

여러분도 사람이나 영화, 노래, 예술 작품, 혹은 일반적으로 '아름답다'는 형용사를 사용하는 사물의 아름다움에 대해 친구와 서로 다른 의견을 가진 적이 있을 거예요. 심지어 같은 것을 두고도 누구는 못생겼다고 하고, 누구는 아름답다고 하는 경우도 경험했을 겁니다. 아름다움은 변하지 않는 속성이 아니기 때문에 모든 사람이 수긍하는 정의를 찾기는 어려울 거예요. 각자의 경험이나 감성에 따라 달라지는 느낌처럼, 어쩌면 아름다움도 사물과 그것을 인식하는 사람 간의 관계에서 만들어지는 것일 수도 있어요. 세상에는 신체의 아름다움 외에도 말이나 생각, 몸짓을 비롯해 소크라테스가 '영혼'이라 부르는 것의 아름다움도 존재합니다.

여기서 또 한 가지 질문을 던져 보죠. 나는 얼마나 아름다운가요? 이에 대한 대답은 외적인 모습뿐 아니라 현재의 마음 상태와 내가 하고 있는 행동에서도 찾아야 합니다.

# 23

# 세상 모든 것의
# 기원은 무엇일까?

땅, 땅에서 자라는 풀과 생명체를 비롯해 물과 공기 등 우리
가 자연에서 볼 수 있는 모든 것은 어떤 공통점을 갖고 있을
까요?

씨앗을 구해서 반을 갈라 보면, 식물의 형태는 안 보일 거예요. 씨앗 속에 성체 식물과 그 열매를 구성하는 모든 물질이 포함되어 있을 수는 없죠. 그렇다면 그 식물은 어디에서 나오는 걸까요?

씨앗 속에는 분명 식물을 탄생시키는 데 필수적인 무엇인가 들어 있지만, 식물을 구성하는 요소들은 씨앗에만 들어 있는 것이 아닙니다. 식물이 뿌리를 내리고 있는 흙에도 있고, 식물 주변의 공기에도 있고, 식물이 마르지 않으려면 꼭 필요한 물에도 있죠.

소크라테스 이전의 그리스 철학자들은 식물뿐 아니라 존재하는 모든 것의 기원에 대해 의문을 제기했습니다. 그들은 이런 것이 궁금했어요. 우리가 자연에서 관찰하는 모든 것의 배경에 단 하나의 기본 요소만 있을까, 아니면 수많은 것이 있을까 궁금했죠. 얼마 지나지 않아 여러 가설이 세워졌습니다. 원소가 단 하나라고 주장한 사람은 물이나 공기 또는 불이라 생각했고, 기본 요소가 하나 이상이라고 생각한 사람은 앞에서 말한 요소들 외에 흙을 추가했어요. 그러나 아낙시만드로스는 모든 사물의 기본이 물이나 공기와 같은 특정한 원소 하나일 수 없다고 주장했습니다. 그는 사물의 기본을 무한한 배경으로 묘

사했어요. 여기에서 모든 것이 출현하고 다시 사라진다고 설명했죠.

그렇다면 하나의 기본 요소, 혹은 몇 가지 요소가 자연에 있는 물체와 형태의 무한한 다양성의 기원이 될 수 있을까요? 어떤 힘들이 조합과 변형을 일으키는 걸까요?

이러한 의혹에 대한 답을 찾기 위해 한 철학자가 '원자'라는 단어를 개발했고, 그 단어는 현재의 과학 서적들에도 수록되어 있습니다. 이 철학자가 바로 데모크리토스입니다. 그는 이 기본 입자가 더 이상 분할되지 않는다는 것도 세상에 알렸죠 (그리스어로 '아토모(atomo)'는 '분할할 수 없는'이라는 뜻입니다).

데모크리토스의 원자들은 눈으로 볼 수 없는 물질 입자로, 같은 원자들끼리도 형태와 배열, 위치가 다릅니다. 조금 더 자세히 설명하면, 수천 개의 단어와 문장으로 조합될 수 있는 알파벳 문자와 같다고 할 수 있어요. 문자들은 모두 단순하고 조합 가능하며, 서로 형태(A, B, C…)와 배열 및 방향(예를 들면 N과 Z, 혹은 p와 b, q 등은 전체 형태는 같지만 다른 방향을 향하고 있죠), 혹은 위치(AB 조합은 BA와 다르죠)가 다릅니다.

현재의 과학이 말하는 원자는 더 이상 데모크리토스의 원자가 아닙니다. 원자가 분리될 수 있다는 것이 밝혀졌기 때문이죠. 그러나 데모크리토스의 개념은 여전히 흥미롭습니다. 생각해 보면 문자를 이용해 우리의 이야기를 쓰는 것처럼, 자연은 원자를 이용해 수많은 자연의 이야기를 쓰고 있다는 것을 알 수 있습니다.

# 죽고 나면
# 어떻게 될까?

살아 있는 사람은 경험할 수 없는 어떤 것에 대한 개념은 어떻게 알 수 있을까요? 우리가 죽음에 대해 아무것도 모른다면, 인간은 왜 나중에 일어날 일에 대해 그렇게 많은 생각을 해 온 걸까요?

인간은 선사 시대부터 시신을 매장해 왔습니다. 세계 여러 곳에서 이루어진 고고학적 발굴 덕분에 우리는 문자가 발명되기 전에 살았던 아주 먼 선조들이 장례식을 치렀다는 것을 알게 되었죠.

선조들이 어떤 믿음을 갖고 있었는지는 자세히 알지 못해요. 처음으로 죽음 이후를 상상했을 때는 아마 사랑하는 사람을 잃은 아픔과 고인과의 좋은 관계를 유지하고 싶은 마음, 그리고 죽음이 새로운 존재 조건으로 가는 여정이라는 느낌을 받았을 거예요. 이집트의 무덤에서 4천 년도 더 이전에 매장한 파피루스 두루마리인 <사자의 서>가 발견되었는데, 아마도 고인이 사후 세계로 가는 어려운 여행을 헤쳐 나갈 수 있도록 도움을 주는 지도나 안내서인 것 같아요.

종교적 신념은 지역에 따라 달랐는데, 어느 시점부터 철학적 이론과 섞이기 시작했어요. 일부 철학자들은 모든 인간은 불멸의 영혼을 지녔고, 그 영혼의 여행은 태어나기 전부터 시작되어 죽음 후에도 계속된다고 말했어요. 이런 식으로 영혼을 육체와 구분하여 보던 사람들 중에서, 영혼을 내세에서 만나는 것은 살아생전에 했던 일과 알았던 것에 따라 달라진다는 의견을 가진 사람들이 있었습니다.

그러나 다른 철학자들은 영혼이 육체에서 살아남아 자신의 갈 길을 가는 자율적인 실체가 아니라고 판단했어요. 사망한 후에는 영혼도 다른 모든 물질적인 것과 마찬가지로 분해가 되기 때문에 아무것도 아니며, 죽은 사람의 육신이 더 이상 아무 경험을 할 수 없는 것처럼 영혼도 아무것도 느끼지 못한다는 생각이었죠.

철학자였던 황제 마르쿠스 아우렐리우스는 죽음에 대한 두려움에서 벗어날 방법을 찾으려 했습니다. 그래서 가능성이 높은 두 가지 가설을 세웠는데요. 첫 번째는 모든 것은 물질과 원자로 이루어졌으며 사물을 구성하는 물질과 원자가 시간이 지나면서 서로 뭉쳤다가 분해된다는 개념이고, 두 번째는 물질 자체와 우주의 총체를 조직하는 신의 원칙이 있다는 것이었습니다.

전자의 경우 우리를 만든 요소들의 흐름에 우리가 재흡수 되며, 재흡수가 된 후에는 더 이상 기쁨이나 고통을 느낄 수 없다는 점을 받아들여야 합니다. 궁극적으로 우리가 왔던 곳으로 돌아가는 것이죠. 한편 후자의 경우라면 우리는 세상을 지배하는 이성으로 만들어진 신앙에 대한 믿음에 기댈 수밖에 없죠.

마르쿠스 아우렐리우스의 의견에 따른다면, 적어도 위안은 얻을 수 있습니다. 그의 방식대로 아무리 고민을 해 봐도, 탄생과 죽음은 자연에서 가장 특별하고 신비로운 현상으로 남아 있으니까요.

# 25

# 신은
# 존재할까?

인간은 태초부터 수많은 신성의 존재를 믿었습니다. 그렇다
면 신들의 존재 여부는 그저 신앙의 문제일까요, 아니면 신
의 존재를 증명할 수 있는 다른 추론이 있을까요?

많은 사람이 무엇인가의 존재를 믿는다고 해서 그것이 존재한다는 증거가 될 수는 없습니다. 가짜 뉴스도 마찬가지죠. 많은 사람이 진짜 뉴스로 받아들이고 공유한다고 해서 그것이 진짜 뉴스가 되지는 않아요.

그렇다면 '어떤 것'의 존재는 어떻게 증명될까요? 일반적으로 직접적인 경험이 있다면 그 존재를 증명할 필요를 느끼지 않습니다. 그러나 과거에 일어났던 사건과 같은 경우, 지금 겪지 않았어도 단서를 모으고 증거를 찾아 추론하고 증명할 수는 있습니다. 형사나 역사학자, 과학자들은 다양한 방식으로 그렇게 증명을 하죠. 그런데 추상적 증명을 이용하는 경우에는 상황이 다릅니다. 명백해 보이는 원리들을 바탕으로 논증들이 서로 연결되면서 처음에는 명확하지 않던 연결 관계와 특성이 단계적으로 증명됩니다.

그렇다면 신의 존재는 어떨까요? 도미니크 수도회의 수도사 토마스 아퀴나스는 신이 존재한다는 것을 증명하기 위해 온갖 노력을 기울였고, 자그마치 다섯 가지나 되는 증거를 연구했습니다. 첫 번째 증거는 시간이 지남에 따라 우리 주변의 모든 것이 변한다는 것입니다. 변화하고 움직이는 모든 것은 어떤 것에 의해 움직일 거예요. 동력 없는 무한한 움직임은 불

가능하므로, 다른 모든 것을 움직이게 만든 최초의 동력이 있을 거예요. 우주 최초의 원동력은 바로 신입니다. 이 증거가 두 번째 증거와 연결되는데요. 존재하는 모든 것에는 그 존재에 앞선 이유가 있다는 것입니다. 그러나 원인의 사슬에서 무한으로 되돌아갈 수 없으므로, 모든 것의 기원에는 최초의 원인이 있어야 해요. 이 최초의 원인 역시 신입니다.

또 다른 증거는 자연에서 정교하게 구성된 생명체와 현상의 존재입니다. 예를 들어 동물 유기체와 식물 유기체의 복잡한 기능이나 달과 행성들이 움직이는 규칙성을 생각해 보세요. 이러한 것들을 어떻게 설명할 수 있을까요? 토마스 아퀴나

스에 의하면, 모든 것의 방향을 제시하고 규제하며 지시하는 우월한 지능의 존재, 즉 신을 인정해야만 설명이 가능합니다.

수 세기 동안 논의된 이러한 증거들은 모두를 설득하지는 못했습니다. 신은 자연의 일부가 아니고, 무엇보다 우리가 경험할 수 있는 대상도 아니기 때문에 이성의 힘으로는 신의 존재가 증명될 수 없다고 생각하는 사람들이 있습니다. 여러분은 이 점에 대해 어떻게 생각하나요? 이전에 나온 증거 중에서 어떤 증거가 가장 견고하고 설득력이 있나요?

이 문제를 잘 생각해 보면 고려해야 할 또 다른 문제가 있습니다. 신의 존재를 증명하는 데 성공한다 해도, 어떤 신이 존재하는지 증명할 수 있을까요? 수 세기 동안 수많은 종교가 유일한 신의 존재 또는 여러 신성의 존재를 내세우면서 다양한 형상을 묘사했다는 점을 고려하면 이러한 의문이 들 거예요.

분명 여러분도 서로 다른 종교적 믿음을 고백하는 사람들을 만나 본 적이 있을 거예요. 수많은 사람에게 신의 존재에 대한 질문의 답은 곧 믿음의 문제이며, 이 믿음에 대해서는 이성이 아무리 애를 써도 결정적인 답을 제시할 수 없습니다.

# 26

# 시간은 언제나
# 같은 속도로 흐를까?

가끔은 시간이 너무 느리게 가는 것 같다가, 어떨 때는 너무 빨리 흐르는 것 같아요. 하지만 시계 속의 시간은 항상 같은 속도로 흐르죠. 시간이 순서대로 흘러 과거는 더 이상 존재하지 않고 미래는 아직 오지 않은 것이라면, 현재는 어디에 있을까요?

우리는 흔히 시간이 '간다'거나 '흐른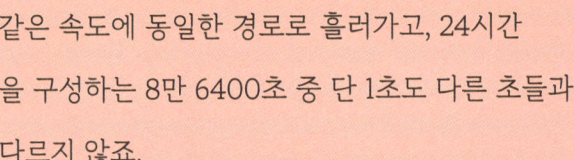
다'고 말합니다. 흐르는 강이나 앞으
로 움직이는 것, 혹은 현재를 과
거와 미래의 모든 지점을 연결
하는 선처럼 말하죠. 이 선은 동
일한 부분으로 나뉘어 있는 것
같습니다. 실제로 시곗바늘은 똑
같은 속도에 동일한 경로로 흘러가고, 24시간
을 구성하는 8만 6400초 중 단 1초도 다른 초들과
다르지 않죠.

하지만 여러분도 어떤 일을 하는지에 따라 시간이 순식간
에 사라지기도, 아주 느리게 지나가기도 한다는 것을 알 거예
요. 프랑스의 철학자 앙리 베르그송은 시계에 표시되는 시간
은 우리의 지성으로 구성된 것으로, 측정과 계산, 예측을 해야
할 필요성 때문에 탄생했다고 생각했습니다. 그래서 과학자들
이 신체의 움직임과 자연의 진행 과정을 연구할 때 시간을 언
급하는 것이죠. 한편 우리 의식 속의 시간, 즉 우리가 피부로
느끼고 내면과 마음에서 느끼는 시간은 탄력적이고 다양한 속
도로 진행되는 특성이 있습니다.

앙리 베르그송은 이 의식의 시간을 설명하기 위해 '기간'이라는 말을 사용했어요. 이는 시계가 측정하는 시간의 양과 상관없이, 상황에 따라 우리가 더 길게 혹은 더 짧게 지속된다고 느끼는 시간이죠. 매 순간이 이전에 있었던 순간들로 인해 특별한 의미와 '비중'을 지녔기 때문에 각 순간은 서로 다른 시간입니다. 갑자기 떠오른 기억이나 기대만으로도 과거와 미래가 뒤섞이며 다른 밀도로 살게 됩니다. 앙리 베르그송은 과학으로 측정된 시간과 의식의 시간을 구분하면서 위대한 과학자 알베르트 아인슈타인의 혁명적인 입장 역시 무시할 수 없었죠. 그래서 앙리 베르그송은 이에 대한 자신의 입장을 밝히고,

비판적인 방식으로 아인슈타인이 시간을 계속 동일한 공간에 두었다는 사실을 증명했어요. 그가 시간을 측정과 수학 공식 내에서 이해할 수 있는 것으로 보았다는 것이죠.

그러나 아인슈타인은 시간이 항상 어디서나 같은 속도로 흐르는 것은 아니라는 이론을 증명했습니다. 상대적으로 큰 질량(예를 들면 행성)으로부터 서로 다른 거리에 위치한 두 개의 시계를 비교해 보면, 거대 질량과 더 가까이에 있는 시계가 더 천천히 간다는 것이죠. 또한 스톱워치 두 개를 동기화하고 그 중 하나를 고속으로 발사되는 우주선에 넣어 둔 후, 우주에서 우주선이 돌아왔을 때 그 안에 있었던 스톱워치를 살펴보면 지상에 있던 스톱워치보다 시간이 뒤처져 있습니다. 흥미롭지 않나요? 이러한 현상이 어떻게 일어날 수 있는지 알려면 정말 공부를 많이 해야 합니다.

자연 또는 우리의 의식 속에서 시간의 속도가 빨라지거나 느려질 수 있다는 점은 우리의 호기심을 자극하죠. 성 아우구스티누스의 말에 의하면 미래와 과거는 존재하지 않는데, 미래는 아직 없고 과거는 더 이상 없기 때문입니다. 존재하는 것은 현재뿐이고, 우리의 의식은 생각과 상상력으로 바꿀 수 있는 미래와 과거를 담고 있습니다.

# 27

# 최초의 예술은
# 어떻게 탄생했을까?

일부 동굴에서 선사 시대에 그린 것으로 추정되는 그림이
발견됐습니다. 누가 그린 걸까요? 인간만 할 수 있는 이 창
조적인 활동을 가능하게 하는 것은 과연 무엇일까요?

스페인의 알타미라와 프랑스의 라스코에 있는 동굴은 약 2만 년에서 1만 5000년 전 사이에 그려진 놀라운 그림 덕분에 세계적으로 유명해졌습니다. 이들 그림에는 주로 붉은색과 황토색, 검은색 등의 색을 입힌 들소와 말, 사슴과 같은 동물이 등장하는데요. 아주 오래 전의 그림이기는 하지만 이 그림들이 인류 최초로 제작된 '예술 작품'은 아닙니다. 예를 들면, 누구인지는 알 수 없지만 4만 년 전에서 3만 년 전 사이에 제작된 돌과 뼈로 만든 작은 조각품들이 발견되었거든요. 어떤 이유에서인지 어느 시점부터 누군가가 물질을 변형시켜 자신에게 특별한 가치를 지니는 형상으로 만들어야겠다는 생각을 했습니다. 여성의 몸을 표현하기 위해 형태를 다듬은 돌 또는 색

칠을 한 벽은 단순한 돌이나 바위와는 차원이 다른 것이죠.

그렇다면 이 최초 예술가들의 손을 움직이게 만든 것은 무엇일까요? 그들이 수천 년이 지난 오늘날의 우리를 놀라게 할 정도의 작품을 만드는 데 전념한 이유는 무엇일까요?

이러한 의문에 대한 답을 찾으려 했던 사람들 중에는 철학자이자 건축가인 레온 바티스타 알베르티도 있습니다. 그의 가설을 살펴보기 전에, 혹시 구름의 모양이 동물이나 인간의 몸과 같은 윤곽인 것을 본 적이 있는지 생각해 보세요. 그런 적이 있다면, 이러한 인지 현상을 전문 용어로 '파레이돌리아 (pareidolia, 변상증)'라고 한다는 것을 알아 두세요.

레온 바티스타 알베르티에 의하면, 선사 시대의 조각과 그

림을 향한 첫걸음은 우리 선조들이 나무줄기나 흙덩어리, 혹은 돌을 보고 인간이나 동물의 몸과 같은 특정 형태를 인지했을 때 이루어졌습니다.

두 번째 걸음은 정말 결정적이었는데요. 손을 이용하여 바위에 세밀한 부분은 추가하고 불필요한 부분은 떼어내는 등 자연에서 본 형태와 최대한 비슷하게 만들기 위해 애썼습니다. 그리고 마침내 최초의 조각품이 만들어졌어요. 이 조각을 만들고 결과물을 관찰하면서, 최초의 예술가들은 기쁨을 느꼈습니다. 이들의 만족감은 새로운 시도와 다양한 제작 기술을 실험해 보고 싶은 욕구를 불러일으킬 정도로 컸죠.

어떤 이들은 최초의 그림이 시체의 그림자 윤곽을 따라 형태를 그린 것이며, 목탄과 같은 것을 이용했다는 가설을 세웠습니다. 여러분은 어떤 방법으로 그렸을 것이라 생각하나요?

그 옛날의 예술가들과 그들의 관객이 최초의 예술 작품에 부여한 가치에 대해서도 할 말이 많을 거예요. 어떤 일이 있었든, 인간이 자기 주변에 있는 사물을 그려내면서 인간 자신의 미래도 그린 것은 분명합니다.

# 28

# 언어는
# 자연스럽게
# 생겨난 걸까?

영어 사전이나 이탈리아어 사전과 같은 두꺼운 언어 사전에는 수만 개의 단어가 수록되어 있습니다. 그러나 그 어떤 단어도, 그 어떤 언어도 존재하지 않았던 때가 있었을 겁니다. 최초의 단어들을 말하고, 그 말을 최초로 이해한 것은 누구였을까요? 그들이 언어를 사용하게 된 이유는 무엇일까요?

소리를 내서 의사소통하는 것은 인간만의 특권이 아닙니다. 동물도 그렇게 하죠. 개나 고양이를 기르고 있다면 짖거나 울음소리를 내는 방식은 다양하지만, 소리와 음색이 규칙 없이 바뀌지는 않다는 점을 금방 알 수 있을 거예요. 포유류와 조류뿐 아니라 고래류도 복잡한 소리를 연속적으로 내며 서로 의사소통을 합니다.

그러나 인간의 언어는 소리의 다양성과 특징적인 단어의 조합 덕분에 유일해 보이죠. 게다가 정말 특별한 것은 언어가 공간적으로나 시간적으로 우리와 아주 멀리 떨어져 있는 것들에 대해서도 말을 할 수 있게 해 준다는 점입니다. 예를 들어

'코끼리', '정글', '바다', '얼음', '율리우스 카이사르'와 같은 단어를 말하면 그 대상이 우리 옆에 없는데도 그것이 무엇인지 알 수 있죠. 물론 모든 사람이 같은 일을 경험하고 자기들이 말하는 것에 대해 아는 것은 아니기 때문에 오해의 가능성은 항상 있습니다. 게다가 우리는 세상에 존재하지 않는 것(상상의 장소나 인물)이나, 모두의 동의를 얻지 못하는 존재(영혼이나 신)를 가리키는 단어를 사용하기도 해요.

이처럼 눈앞에 있고 손가락으로 가리킬 수 있는 것뿐 아니라, 존재하지 않는 것에 대해서도 의사소통할 수 있는 인간의 능력은 어디서 나온 걸까요? 독일 철학자 헤겔은 이 질문에 대한 답으로, 무엇보다 우리의 말이 외부의 사물뿐 아니라 기억 속에 간직하고 있는 것의 이미지도 나타낸다는 점을 강조했습니다.

생각해 보세요. 여러분이 '탁자'나 '책'과 같은 단어를 사용할 수 있는 것은 탁자나 책을 이전에 이미 보았고 기억하는 이미지와 연결시킬 수 있기 때문입니다. 이때 모두가 기억하는 이미지는 완전히 같을 필요도 없고, 어느 정도 비슷하기만 하면 되죠.

그렇다면 최초의 단어는 어떻게 탄생했을까요? 헤겔에 따르면, 실질적인 필요성을 느낀 우리의 기억이 어떤 소리를 이미 기억 속에 저장된 어떤 이미지와 연결시키면서 단어가 만들어졌습니다. 말이 생긴 덕분에 사물에 이름을 붙일 수 있게 되었고, 다른 사람을 이해시킬 수도 있게 됐어요. 우리가 '탁자'라는 단어를 읽으면, 기억장치가 그에 해당하는 이미지와 동기화시키는 것이죠.

헤겔의 시대에는 언어를 본능이라고 여기는 사람들이 있었어요. 마치 다른 거미가 줄을 치는 것을 보고 배우지 않고도 모든 거미가 거미줄을 칠 줄 아는 것과 같다고 생각한 거예요. 언어가 오랜 시간 동안 우리 자신을 표현하기 위해 수없이 시도

한 것의 결과물이며, 시간이 지나면서 점차 완성되었다고 믿는 사람들도 있었습니다. 모든 언어가 감탄사나 어린아이의 옹알이처럼 입에서 나오는 단순한 소리로부터 원시적인 연관성을 띠고 시작되었으리라 생각한 거예요.

원리가 무엇이었든 간에, 언어의 탄생은 우리가 세상을 사는 방식을 비롯해 상호작용과 기억, 상상 등을 가능하게 만든 엄청난 변화였습니다. 말하자면 진정한 혁명이었던 거죠!

# 29

# 자연에서
# 수학적 법칙을
# 찾을 수 있을까?

태양계를 관찰해 보면, 태양 주위를 완벽한 타원형을 '그리며' 돌고 있는 행성들을 볼 수 있습니다. 자연에서 이러한 기하학적 형태와 규칙성이 나타나는 이유는 무엇일까요?

망원경이나 현미경, 혹은 육안으로도 자연에서 기하학적 형태를 관찰할 수 있습니다. 예를 들어 데이지나 해바라기 꽃잎이 배치된 원 모양, 우리 눈의 홍채와 동공을 비롯해 벌이 지은 벌집의 육각형 방, 일부 동물의 껍질 혹은 태풍의 소용돌이나 은하계의 나선형 패턴 등이 있죠.

자연에서 대칭되는 것들도 관찰할 수 있습니다. 손이나 발과 같이 우리 몸의 두 개씩 이루어진 부분에서도, 풀잎과 나뭇잎에서도 볼 수 있죠. 공원이나 숲에 있을 때 주위를 둘러보면 또 다른 기하학적 형태와 대칭 형태를 볼 수 있을 겁니다. 그런 형태가 얼마나 될까요? 어떤 형태가 가장 많을까요?

과학자 갈릴레오 갈릴레이는 물체의 움직임에 숨어 있는 자연의 규칙성과 법칙을 발견하는 데 중요한 공헌을 했습니다. 진자의 진동이나 무게가 다른 물체들이 땅에 추락하는 원리를 비롯해 경사면에서 공이 굴러가는 방식 등 매우 중요한 관찰을 했죠. 아주 단순한 현상으로 보일 수 있지만, 갈릴레오는 관찰을 통해 이전에는 염두에 두지 않았던 것들을 알게 됩니다. 그리고 우주 전체를 우리 눈 앞에 펼쳐진 거대한 책에 비유하면서, 그 책에 글자가 아닌 원이나 삼각형을 비롯해 여러 도형 형태의 수학적 문자가 채워져 있다고 설명했어요. 결과

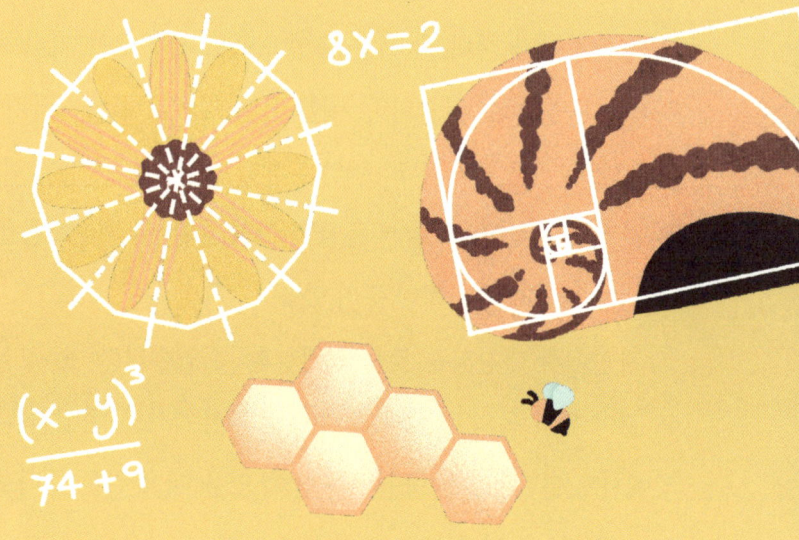

적으로 갈릴레오는 자연은 수학을 아는 사람만 이해할 수 있는 것이라 생각했던 것이죠. 이뿐 아니라 신이 우리보다 더 많은 것을 안다고 할지라도, 인간 역시 그에 못지 않게 정확한 수학적 진리를 알 수 있다고 믿었습니다. 그의 생각이 옳다면, 우리에게 남은 것은 자연계에 숫자와 공식으로 표현될 수 있는 기하학적 형태와 규칙성이 얼마나 많은지 알아내는 일이겠죠.

누군가는 이것이 신이 존재한다는 증표이자 우주의 기원에 조직적인 지능이 영향을 미쳤다는 증거라고 생각했어요. 반면 일부에서는 자연의 규칙성이 우리가 사물을 인식하는 방식, 즉 우리의 지능이 공간과 시간 속에서 사물을 조직하는 방식

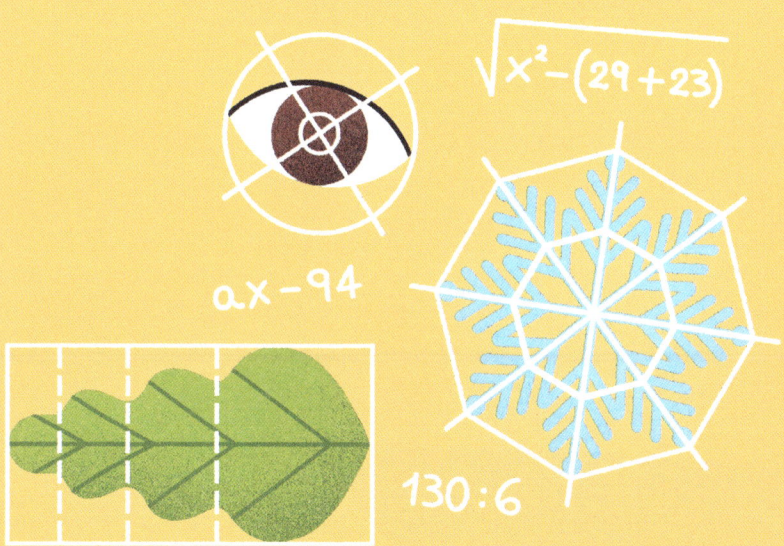

에 따라 달라진다고 봤어요. 마지막으로 우리가 자연에서 인지하는 형태는 우주를 '구성'하는 물리적, 화학적 힘의 결과일 뿐이라고 생각하는 사람도 있었죠. 이러한 이론들 중 어떤 것이 맞다고 말할 수는 없지만, 한 가지 분명한 점은 수학을 알면 세상을 이해하는 데 도움이 될 수 있다는 것입니다.

# 우주의 끝은
# 어디일까?

만약 우주가 유한하다고 가정했을 때, 우리가 우주의 끝까지 날아가 화살을 쏘면 어떻게 될까요? 화살이 그 한계를 넘어갈까요, 멈출까요, 아니면 뒤로 튕겨 돌아올까요? 그리고 그 경계 너머에는 무엇이 있을까요?

과거에 아주 큰 지지를 얻었던 한 이론은 우리가 사는 우주가 구형으로 이루어져 있으며 그 끝이 정해진, 유한한 공간임을 주장했습니다. 17세기까지 대부분의 사람들이 지구가 구형의 중심에, 명확하게 특별한 위치에 있으며 모든 우주가 우리 행성과 인간을 중심으로 회전한다고 생각했어요.

그 관점을 문제 삼은 사람 중에는 철학자 조르다노 브루노도 있었습니다. 갈릴레오가 망원경으로 이전에는 아무도 보지 못한 천체를 발견하기도 전에, 조르다노 브루노는 무한하고 중심이 없으며 헤아릴 수 없이 많은 세상으로 이루어진 우주의 존재를 이론화했어요. 조르다노 브루노의 추론은 정확하게 과학적이지는 않았습니다. 사실 그는 우주가 무한한 신성의 힘으로 창조된 것이라고 생각했거든요.

조르다노 브루노가 사망한 후, 새로운 과학적 발견이 우주를 바라보는 방식을 근본적으로 변화시켰으나 그것이 모든 의심을 해소하지는 못했습니다. 지금도 우주의 형태나 기원, 우주의 미래에 대한 다양한 이론들이 나오고 있죠. 현재 인류는 막강한 망원경들을 만들어 냈고 심지어 우주 궤도에도 설치되어 있지만('제임스 웹(James Webb)'이라는 강력한 망원경이 지구에서 약 150만 킬로미터 떨어진 곳에 있답니다!) 우주의 끝을 본 사람은 아무도 없습니다. 과학 기술이 동원된 장비를 통해 우리는 과연 어디까지 갈 수 있을까요?

오늘날 우리는 알고 있지만 조르다노 브루노는 전혀 몰랐던 정말 놀라운 사실이 있습니다. 우주 공간 속에서 점점 더 멀리 나아갈수록 시간적으로도 더 멀리 거슬러 올라간다는 점입니다. 이게 대체 무슨 말일까요?

제임스 웹 망원경이 우주에서 수신하는 신호를 생각해 봅시다. 원래 존재하던 위치에서 출발한 신호가 이를 '가로채는' 망원경까지 거리를 이동하는 데는 시간이 걸립니다. 그래서 망원경은 신호의 원천(별이나 은하 등)을 실시간으로 보지 못합니다. 이해하기 복잡하지만, 이것이 무엇을 의미하는지 자세히 알아볼 필요가 있어요.

우선 '광년'이라는 것은 빛이 한 해 동안 이동하는 거리를 뜻하고, 망원경이 포착하는 신호는 빛의 속도로 이동한다는 점을 기억해 둬야 합니다. 요약하면, 제임스 웹 망원경이 지구에서 130억 광년 떨어져 있는 은하계(지금까지 확인된 가장 먼 은하계)를 처음으로 '보는' 데 성공했을 때, 이 망원경이 본 것은 130억 광년 전에 은하계에서 출발한 이미지입니다. 우리에게 그 은하계의 과거를 볼 수 있는 창을 열어 준 거죠. 한마디로 아주 오래된 사진을 본 거예요.

　그래서 이 새로운 망원경은 단순히 공간적으로 아주 먼 것만 보여 준 것이 아니라, 우주의 기원에 매우 가까운 시대에 일어난 일까지 보여 준다고 볼 수 있어요. 이것은 조르다노 브루노도, 갈릴레오도 결코 상상하지 못했을 겁니다.

# 31

# 가장 경이로운
# 존재는 무엇일까?

좋은 일이든 나쁜 일이든 우리를 놀라게 할 수 있는 일은 많습니다. 그런데 자연 현상과 인간이 만든 것 중 어떤 것에 더 놀라고 신비롭다고 느낄까요? 가장 최근에 여러분을 놀라게 한 것은 무엇이었나요?

사람들을 경탄하게 만든 고대의 웅장하고 아름다운 건축물과 조각 작품들이 있었는데, 이것을 세계 7대 불가사의라 불렀죠. 현재는 안타깝게도 이집트의 쿠푸 왕 피라미드 단 하나를 제외하고 모두 사라지고 말았습니다.

그럼 인간이 만든 것 외에 자연의 존재까지 모두 포함해서 생각해 봅시다. 여러분이 현재의 세계 7대 불가사의를 추린다면 어떤 것을 포함시킬 건가요? 그리고 그중 어떤 것을 최고로 꼽을 건가요?

철학자 조반니 피코 미란돌라는 세상 그 무엇보다 경이로운 것은 의심의 여지 없이 '인간'이라고 했습니다. 물론 피코가 자연의 다른 존재들을 부정한 것은 아니지만 인간에게는 독창적이고 비교 불가능한 특성, 즉 스스로 어떻게 할지 결정하는 가능성인 자유가 있다고 말했죠.

피코는 동물과 식물을 비롯한 세상을 이루는 모든 요소와 달리 인간은 자연에 규정되거나 고정된 위치를 지니지 않았다는 점에 주목했어요. 우리 모두 태어날 때부터 각자 원하는 것이 될 수 있는 가능성을 갖고 있는 것이죠. 현재의 기본 요소는 (예를 들어 원자를 생각해 봅시다) 자유롭게 원하는 것을 할 수 없습니다. 각 요소의 움직임과 그 요소의 일부가 될 수 있는 것들의 조합을 설정하는 자연의 법칙이 있기 때문이죠. 동물은 동물로서 가진 특징적인 본능과 행동을 마음대로 바꿀 수 없습니다. 반면 인간은 자신의 지식과 능력을 확장하면서 자기 자신과 사는 환경, 습관을 근본적으로 바꿀 수 있어요. 마치 조각가가 돌을 디자인하는 것처럼 우리 인간은 자신을 다듬고 디자인할 수 있습니다.

그러나 피코는 한편으로 자유는 아주 잘 사용될 수 있지만, 아주 나쁘게 사용될 수도 있기 때문에 신중함이 필요한 선물이라는 점을 강조했습니다. 사실상 자유 덕분에 인간은 새로운 것을 꾸준히 발견하고 배울 수 있으며 수많은 협력 방법을 찾아 잘못된 것을 바꾸고 조화롭게 살아갈 수 있어요. 그러나 다른 사람들을 해하거나 자신을 악덕과 나쁜 행위에 빠지도록 방치하는 데 자유를 사용하는 사람도 있습니다.

불행하게도 역사는 인간이 저지를 수 있는 수많은 처참한 예를 보여 줍니다. 그러나 피코는 자연에서 가장 경이로운 존재가 인간이라는 생각을 결코 포기하지 않았는데, 아마 자유가 우리의 잘못을 고치고 더 발전하게 만들어 주기 때문이겠죠.

4장

우리가 사는
'사회'의 규칙이
의심스러울 때

사회/문화에 관한 철학적 질문들

# 32

# 이상적인
# 사회는
# 어떤 모습일까?

여러 위대한 사상가들이 가능한 한 최선의 방식으로 살아갈 수 있는 이상적인 사회의 모습을 상상해 보았지만, 그 누구도 모두를 설득할 수 있는 답을 찾지 못했습니다. 여러분은 이상적인 사회는 어떤 모습이라고 생각하나요?

우리가 살기에 이상적인 사회를 상상해 봅시다. 어떤 곳이면 좋을까요?

우선 몇 가지 질문을 해 볼게요. 기본적으로 참고해야 할 필요조건들은 무엇이 있을까요? 이상적인 사회를 건설하려면 무엇으로 건물을 지어야 할까요? 풍경은 어떻게 가꿔야 할까요? 법도 있어야 할까요? 있어야 한다면, 어떤 기본법이 있어야 하고 누군가 법을 지키지 않으면 어떻게 관리해야 할까요? 통치는 누가 해야 할까요? 학교가 있어야 할까요? 기존의 학교와 똑같아야 할까요, 아주 많이 달라야 할까요? 주민들의 주요 직업은 무엇이어야 할까요? 그리고 낯선 사람들이 받아 줄 곳을 찾아 국경에 다가오면 어떻게 해야 할까요?

이상적인 사회의 특성에 대해 연구한 위대한 사상가들 중에서 두각을 나타낸 사람은 토머스 모어입니다. 모어는 '유토피아'라는 상상의 섬에 대해 묘사했는데, 고대 그리스어에서 유래한 이 단어는 '존재하지 않는 곳'이라는 뜻이면서 '살기 좋은 장소'를 가리키기도 해요. 토머스 모어의 이야기는 너무 유명해져서 이제 유토피아라는 말은 모든 사전에 수록되어 있죠. 장소만 나타내는 것이 아니라 실현하기 어려운 이상, 즉 불가능해 보일 정도로 어려운 이상을 추구하는 계획이나 열망을 일컫기도 합니다.

　모어의 생각 중 몇 가지를 살펴볼게요. 유토피아 섬에서는 모든 재화가 공유되고 주민들은 어릴 때부터 농사를 짓는 데 일정 시간을 보냅니다. 정오 전에 3시간, 오후에 3시간 정도 일 하죠. 잠자고 식사하는 시간을 제외한 나머지 시간에는 모든 섬 주민이 각자 가장 좋아하는 일을 할 수 있어요. 예를 들어 잘 가꿔진 정원을 산책하거나, 대화를 하거나, 놀이를 하거나, 악기를 연주하거나, 음악을 듣거나, 공부를 하거나, 휴식을 취 할 수 있죠.

　모어의 이상적인 사회에서는 소비할 수 있는 것만 생산되 고, 돈의 사용에 대해서는 정의되어 있지 않습니다(금과 은도 전 혀 가치가 없어요!). 따라서 그 누구도 부를 축적하려고 집착하지 않아요. 유토피아의 창시자는 평등을 매우 중요하게 여겨 모 든 집을 똑같이 만들어야 한다고 생각했습니다. 옷도 모두 같 은 모양이고 남성과 여성, 그리고 결혼한 사람과 하지 않은 사 람을 구분할 수 있도록 약간의 차이만 두었죠. 정부의 경우, 부 족에서 선출된 몇 명의 판사만 있고 이 판사들은 네 구역으로 구분된 도시에서 국민들이 선택한 네 명의 후보들 중 최고 판 사를 선출합니다.

여러분도 이런 곳에서 살고 싶나요? 싫어할 사람도 있을 테고, 일부는 살고 싶어 할 수도 있죠. 결론적으로 아직까지 모두의 마음에 드는 유토피아를 만드는 데 아무도 성공하지 못한 셈입니다.

그렇다 해도 상상력을 발휘하는 일은 여전히 매우 중요합니다. 왜냐하면 이미 존재하는 것을 개선하는 방법을 찾기 위해 발전적인 생각을 추구하고 타인과 공유하도록 자극하기 때문이죠.

# 33

# 정치가
# 우리 삶에
# 왜 필요할까?

사람들은 종종 자신은 정치에 관심이 없고 알고 싶지도 않다고 말합니다. 그렇지만 정치는 사람들과 밀접한 관계가 있어요. 여러분은 사람들에게 그 이유를 설명해 줄 수 있나요?

민주주의에서 시민이 선출한 대표가 내린 정치적 결정의 영향은 우리를 둘러싸고 있으며, 모두와 관련이 있습니다. 공공장소와 서비스를 비롯해, 좁게는 공원을 운영하고 관리하는 방식이나 자전거 도로의 설치 여부, 학교나 병원에서 이용할 수 있는 자원 등에서 그 영향을 느낄 수 있죠.

정치는 기존에 있던 것을 잘 관리하고 아직 존재하지 않는 좋은 것을 실현하는 기술이어야 해요. 그런데 여기에서 우리는 심각한 문제와 마주합니다. 왜냐하면 사람들이 생각하기에 좋은 것과 원하는 것, 그리고 정당한 것에 대한 의견이 서로 다른 경우(심지어 완전히 상반된 경우도 있어요)가 있기 때문이죠. 그래서 정치는 분열의 기회가 되기도 합니다. 언론과 소셜미디어는 대중의 관심을 집중시키기에 좋은 매체이기 때문에 이러한 갈등을 한층 고조시킵니다. 여러분도 분명 정치인들이 상대방의 말을 들으려고 하지 않은 채, 서로를 비난하고 공격하는 모습을 본 적이 있을 거예요.

그럼 정치는 어떤 방식으로 결정할까요? 이것은 상당히 중요한 질문이에요. 플라톤의 말에 의하면, 기술은 일이 어떻게 돌아가야 하는지 알려 주지만 정치는 그 일 자체를 진행해야 할지, 왜 진행해야 하는지를 결정하기 때문입니다. 민주주의는 소수를 존중하고 주기적으로 정부를 교체하면서 다수가 내린 결정을 바탕으로 정치를 합니다. 이와 반대로 전제 정부가 선호하는 방법은 두말할 것도 없이 한 사람에게 모든 결정권을 집중시키는 것이죠!

독일 철학자 한나 아렌트는 정치는 한두 사람이 아니라 수많은 인간 존재들이 서로 다른 각자의 비전과 열망, 관심을 가지고 함께 살고 있기 때문에 탄생한 것이라 했습니다. 정치적 공간 내에서는 이 모든 관점의 차이를 공유할 수 있습니다. 단 하나의 관점만 있는 곳에는 사실상 정치란 존재하지 않아요. 정치는 다양한 의견을 합법화하고 이를 관리하는 것으로, 세상에 대한 수많은 관점을 연결시켜 새로운 무언가를 시작합니다. 정치를 통해 이미 존재하는 것의 강점과 약점에 대해 말하는 것은 아직 존재하지 않는 것과 존재하면 좋을 것을 상상하는 첫걸음일 뿐입니다. 그리고 이 일은 그 누구도 혼자서는 할

수 없으며, 다른 사람과 함께하면 더 잘할 수 있지요.

주위를 둘러보면 훌륭한 정치의 예들이 있습니다. 다양한 정당들이 협력해 한 국가의 생활을 새로운 국면에 접어들게 하고 국민들의 생활 조건을 개선하는 헌법과 법률을 제정하는 경우죠.

이 세상의 문제들 중 적어도 일부라도 해결하고자 한다면, 개선 방법을 모색하는 데 한계를 두면 안 됩니다. 말과 행동 사이, 상상과 행동 사이에는 바다만큼 큰 차이가 있거든요. 정치는 우리가 그 바다를 건너는 데 필요한 배일 뿐입니다.

# 34

# 유행을
# 따르지 않으면
# 뒤처진 걸까?

30년 전의 학생들이 즐겨 입던 옷은 지금과는 많이 달랐어요. 그 시절에 듣던 음악도 지금과 다르고, 시간을 보내는 방법도 달랐죠. 30년이 지난 지금, 여러분 또래의 친구들은 어떤 유행을 따르고 있나요?

유행이라는 말을 할 때는 일반적으로 '따른다'라는 동사를 사용합니다. 실제로 유행은 따라 하는 것이죠. 이 동사는 다른 표현을 할 때도 사용되는데, 예를 들면 규정된 임무를 수행하기 위한 행위를 가리켜 '지침을 따르다'라고 하고 다른 사람이 이미 지나온 길을 갈 때 '길을 따르다'라고 표현합니다.

유행 현상을 분석한 독일 철학자 게오르크 짐멜은 유행이 타인과 동화되고자 하는 욕구와 같은 것이라고 정의했습니다. 모방은 안정감을 줍니다. 다른 사람들을 모방하면 그들에게 수용될 가능성이 높아지는 동시에, 어떤 것을 결정해야 할 때도 조금 부담을 덜 수 있기 때문이죠. 예를 들어 입을 옷을 선택하는 것처럼 간단한 결정을 내려야 할 때도 마찬가지예요.

그런데 게오르크 짐멜은 유행에 단순한 모방을 넘어서는 무엇인가 더 있다는 점을 알아냈어요. 유행을 따르다 보면 언뜻 보기에 상반되는 두 가지 욕구가 동시에 충족되는데요. 한 가지는 다른 사람과 동화되고자 하는 욕구이고, 다른 한 가지는 다른 사람과 구분되고 싶은 욕구입니다. 유행이 어떻게 두 가지 욕구를 모두 충족시킬 수 있을까요? 이에 대한 답은 간단하지만, 그 결과가 완전히 명확한 것은 아닙니다.

유행을 따르는 사람은 같은 유행을 따르는 사람들 무리에

섞이지만, 한편으로 유행을 따르고 싶지 않거나 관심이 없어서 혹은 그러고 싶지만 그럴 수 없어서 무리에 섞이지 않은 사람들과는 구분이 되죠. 그렇다 보니 무리 내에서 유행을 따르는 것은 그 무리에 속한 사람들의 결속력을 강화할 수 있습니다.

이러한 측면에서 아주 신중해야 할 필요가 있는데, 다름 아닌 무리 안에서 유행을 따르지 않는 자들, 즉 '우리 중 한 사람'으로 보이지 않는 사람을 배척하기 때문입니다. 심지어 유행을 따르지 않는다는 이유만으로 그 사람보다 자신이 우월하다고 느끼는 사람도 생길 수 있죠.

여러분은 유행하는 어떤 물건을 갖고 있지 않다는 이유로 따돌림을 당하거나 놀림을 당하는 사람을 본 적이 있나요? 다행히 유행을 따르지 않는 사람들이 아주 드문 것은 아닙니다. 유행은 남과 구분되고자 하는 욕구도 충족해야 하기 때문에,

모두가 같은 유행을 따르면 아무도 다른 사람과 구분될 수 없으므로 그 유행은 끝나게 될테니까요.

이렇듯 어떤 유행이든 모든 사람이 유행을 따르기 전에 더 새로운 유행이 나타납니다. 어느 순간 소수의 사람은 새로운 유행을 따르는 한편, 다른 사람들은 이전의 유행을 따르고, 또 다른 사람들은 그 어떤 유행도 따르지 않아요. 유행을 따르는 사람은 당연히 혼자라고 느끼지 않지만, 유행을 따르지 않는 사람 역시 혼자라고 느낄 필요는 없습니다. 왜냐하면 결국 그 어떤 유행도 영원하지 않고, 모든 사람을 위한 유행이란 없으니까요.

# 35

# 사회는 어떻게
# 만들어질까?

개미와 벌은 사회적 곤충으로 알려져 있죠. 인간도 사회 속에서 살고 있으므로 사회적 동물이라고 할 수 있습니다. 원래부터 그랬을까요? 인간도 개미나 벌과 같은 방식의 사회적 동물일까요?

혹시 개미나 벌이 군주제를 종결시키고 민주주의를 출범시키기 위해 여왕을 폐위하는 혁명을 일으킨다는 이야기를 들어 본 적이 있나요? 저는 없을 거라 생각하는데, 물론 잘못 알고 있을 수도 있어요. 그러나 곤충은 몰라도 지난 역사 속에서 인간이 사회를 조직하는 매우 강력한 방식을 개발했다는 것은 확신할 수 있습니다.

선사 시대에 실제로 어떤 일이 있었는지, 인류의 초기 역사는 어떤 모습이었는지를 알 수 있는 자료가 충분치는 않습니다. 이제부터 사람들이 모여 살면서 생활 공간과 습관, 결정, 계획 등을 공유하게 된 이유를 생각해 봅시다. 다행히 우리에게 도움을 줄 수 있는 위대한 사상가들은 많아요.

로마의 철학자 루크레티우스는《사물의 본성에 관하여》라는 시집을 썼는데요. 루크레티우스에 의하면, 인간에게도 여느 동물과 다를 것 없이 시냇물로 갈증을 해소하고 사냥이나 채집을 통해 먹을 것을 마련하면서 살던 시절이 있었습니다. 그 시절 인간은 아직 불을 사용하거나, 식물을 키우거나, 옷을 만들 가죽을 손질하거나, 오두막을 짓는 법 등을 익히지 못해 상당히 힘들고 외로웠을 거예요. 마침내 그 모든 것을 할 수 있게 되자 부모와 자식이 함께 살기 시작했고 가까이에 사는 가족들 간에 친분이 두터워졌어요.

그렇다면 인간이 무리를 이루어 살고, 특히 점점 더 큰 무리를 형성하게 된 이유는 무엇일까요? 일부 철학자들은 한 명의 개인으로는 힘이 없고 자신의 모든 욕구를 충족시킬 정도의 능력도 갖추지 못한다는 점을 강조합니다. 그러니까 다른 사람들과 합류하려는 경향은 힘을 합칠 필요성에서 온 것이죠. 더욱이 무리 지어 있으면 위험과 두려움에 맞서는 것도 어렵지 않습니다(포식자를 비롯해 폭풍우나 지진과 같은 자연재해가 발생했을 때를 생각해 보세요). 아리스토텔레스는 동물 또는 신만이 공동체를 이루지 않고도 살 수 있다고 주장했습니다. 정말 그렇다면, 사회는 자연스러운 인간의 조건이죠.

다시 루크레티우스로 돌아와서, 그는 작은 제스처만으로도 중요한 변화를 이끌어 내는 경우가 있다고 말했습니다. 예를 들어, 어린 자녀와의 친밀한 스킨십은 부모의 완고한 성격을 조금씩 누그러뜨려 다른 사람들과 서로를 존중하는 섬세한 관계를 형성할 수 있게 해 줍니다. 또한 사람들 간의 거리가 가까워지면서 의사소통의 필요성이 커졌고, 각 무리의 구성원들이 소리를 점점 더 잘 조합해 단어로 만들었습니다. 그렇게 한 걸음씩 언어의 형태를 갖추게 됐죠.

당연히 무리 내에서나 여러 무리들 간에 갈등은 존재했습니다. 평온한 시기와 싸움의 시기가 계속 반복되자 그들은 함께 살면서 서로 유대감을 형성할 수 있는 새로운 방법을 찾아야 했어요. 여기에서 법과 그 법을 준수하게 만드는 역할을 할 책임자가 탄생하게 되었죠.

이 시점에서 우리는 이미 선사 시대의 역사와 현재 역사의 경계를 넘어섰습니다. 우리 과거에 대한 퍼즐은 불완전한 상태로 남아 있겠지만, 루크레티우스의 예를 잘 따르면 함께 추론하고 연구하여 부족한 퍼즐 조각의 일부를 그려낼 수 있을 거예요.

# 36

# 인간은
# 왜 전쟁을
# 일으키는 걸까?

전 세계적으로 매년 지출되는 군사비는 수천억 달러에 이릅니다. 여기에서 우리가 얻는 것은 효과적인 살인을 위해 점점 더 정교해지는 무기입니다. 우리는 이토록 인간의 생명을 중요시하지 않으면서도, 간혹 누군가가 단 한 사람의 생명을 구했을 때 영웅으로 여기는 이유는 무엇일까요?

역사책에는 전쟁에 관한 내용이 가득합니다. 예를 들어, 특정 영토와 자원을 통제하기 위한 정복 전쟁이나 종교 전쟁, 시민 전쟁, 자유나 인간의 다른 권리를 수호하기 위해 싸운 전쟁에 대해 이야기하죠. 안타깝게도 전쟁은 여전히 계속되고 있고 여러 언론 매체에서도 지속적으로 다루고 있습니다. 뉴스에서 폐허가 된 도시부터 부상을 입은 사람들, 참혹한 시신과 사랑하는 사람들의 죽음에 눈물 흘리는 생존자 등 처참한 전쟁의 모습을 드물지 않게 볼 수 있죠. 그렇다면 과연 미래에는 무엇인가 바뀔 것이라는 희망이 있는지, 각각의 전쟁이 발생한 특별한 원인 이외에 인류가 서로 전투를 벌이게 만드는 더 심오한 원인이 있는지 궁금해집니다.

위대한 사상가들은 전쟁에 관해 여러 질문들을 던지며 답을 찾으려 했어요. 자신의 명예와 존엄성을 지키는 데 장애가 되는 사람들을 향한 시기와 증오가 전쟁의 원인이라고 생각하는 사람도 있고, 더 큰 권력을 쥐고 다른 사람들에게 자신의 우월성을 과시하고자 하는 욕망 때문이라고 생각하는 사람도 있습니다. 누군가와 경쟁할 때 느끼는 라이벌 의식도 이유가 될 수 있고, 복수의 욕구를 비롯해 적에게 대응할 시간과 힘이 없는 상태에서 공격당하는 것에 대한 두려움도 원인이 될 수 있죠. 독일 철학자 헤겔에 의하면, 동물은 먹이를 얻기 위해 살생을 하지만 인간은 자신의 우월성을 인정받기 위해 살생을 합니다.

제1차 세계 대전과 제2차 세계 대전 사이, 어느 유명 과학자와 저명한 심리학자가 전쟁의 원인을 주제로 서신을 몇 차례 교환한 적이 있습니다. 이 과학자는 알베르트 아인슈타인이었는데, 어느 날 지그문트 프로이트에게 편지를 보내 인간이 전쟁의 불행으로부터 벗어날 방법이 있는지 물었습니다. 프로이트는 이에 대한 답을 하기 위해 논제의 범위를 아주 광범위하게 잡고 상상을 통해 먼 과거로 거슬러 올라가 우리 선조들이 동물처럼 갈등을 해소하던 시대에 대해 이야기했습니다. 그 시기에는 일반적으로 체력이 우세했습니다. 그러나 최초의 무기가 발명되면서 지능도 중요해지기 시작합니다. 최고의 무기를 만들고 더 효율적인 전략을 고안해 내는 쪽이 유리하다는 것을 알았기 때문이죠. 순수하게 물리적인 전투에서 전쟁다운 전쟁, 즉 조직적이고 점점 더 파괴적인 충돌의 형태로 전환된 것입니다.

물론 전쟁은 엄청난 고통을 불러일으켰지만, 프로이트에 의하면 적보다 우위를 차지하고 살해하는 것에서 쾌락을 느끼는 사람들이 있었습니다. 이들의 이러한 만족감이 전쟁을 불러일으킨 거죠. 조금 더 깊이 들어가 보면, 프로이트는 완전히 제거될 수 없는 파괴의 충동이 인간 존재의 특징에 깔려 있다고 생각했습니다.

우리가 할 수 있는 일은 그들을 억제하거나 그들이 힘을 행사하는 방향을 바꾸는 것입니다. 예를 들면 두려움과 같은 감정, 즉 전쟁이 진행될수록 점점 더 파괴적으로 변해 가는 것에 대한 두려움으로 전쟁을 피하게 만드는 방법이 있습니다. 그런데 그러한 방법이 많지는 않아요. 가능한 한 많은 사람들의 문화 수준을 높이는 것도 중요합니다. 문화는 폭력에 대한 대안을 찾고, 나와 다른 관점을 더 잘 이해하는 데 도움을 주기 때문입니다.

# 37

# 미래에는
# 더 나은
# 세상이 올까?

여러분에게 다른 시대에 다시 태어날 선택권이 주어진다면
현재 또는 과거, 미래 중 언제를 택할 건가요?

아마 여러분도 주위 어른들이 "그때가 좋았어"라면서 예전이 지금보다 여러 가지로 살기 좋았다고 말하는 것을 들어 본 적이 있을 거예요. 심지어 "살기 불편할 때가 더 좋았다"라는 말도 하죠. 역설적으로 들리지만, 훨씬 더 가난하고 편하지도 않았던 과거가 어떤 면에서는 삶의 질이 더 나았다는 의미입니다. 신화 중에도 인간이 더 행복하고 힘들지 않았던 고대 황금의 시대에 대한 이야기가 있어요. 자연에서 저절로 열매가 맺혔던 그 시절에는 일을 할 필요가 없었고, 법이 없어도 모든 사람이 충실하고 올발라서 논쟁을 벌일 이유가 거의 없었죠. 그런데 이 신화들이 과연 진실을 말하는 걸까요?

최고는 과거가 아니라 미래에서 찾아야 한다고 말한 사람이 있습니다. 프랑스 철학자 콩도르세는 이미 지나간 시간을 아홉 가지 시대로 나누었는데요. 각각의 모든 시대마다 사람들은 항상 이전 시대보다 더 나아지려 노력했습니다. 실제로 수 세기를 지나오면서 우리 선조들은 기존의 오류와 미신에서 벗어나 자연에 대한 지식을 발전시켰고, 점점 더 효과적인 질병 치료 방법을 찾아냈어요.

그러나 모든 사람이 새로운 것을 두 팔 벌려 맞이하는 것은 아닙니다. 예를 들어 현재 우리는 지구 온난화를 가속화하는 온실가스의 대기 방출을 줄여야 하는 위태로운 세상에 살고 있지만, 모든 사람이 이 문제 해결에 기꺼이 동참하진 않아요. 새로운 방향으로 나아가고 재생 에너지를 사용하는 일이 어떤 이들에게는 권력과 돈, 편의성을 잃게 만드는 일일 수 있거든요.

콩도르세에 의하면, 인류는 상황을 개선하는 능력을 통해 불평등을 줄이고, 수명이 늘어나며, 서로에 대해 더 정의롭고 올발라질 것이므로 미래는 살기 좋은 이상적인 시대가 될 것입니다.

여러분 생각은 어떤가요? 다른 철학자들은 이러한 시각이 너무 낙천적이고 추상적이라고 평가했습니다. 20세기의 전쟁과 오늘날의 환경 위기는 존재하는 것을 파괴하고 악화시키는 우리의 능력 역시 향상되었다는 사실을 일깨워 줍니다. 따라서 무턱대고 더 나은 방향으로 나아갈 운명이라고 확신하기보다는, 최악의 상황을 피하는 방법을 찾는 데 집중해야 합니다.

# 38

# 최고의 정부 형태는 무엇일까?

어느 작은 마을에 백 명 정도의 사람들이 모여 산다고 생각해 보세요. 모든 사람이 자신과 관련된 일들을 결정해야 하고, 모두와 관련된 것도 일부 결정을 내려야 합니다. 이런 결정을 내릴 방법으로는 어떤 것이 있을까요? 그리고 여러분이 생각하는 최선의 방법은 무엇인가요?

　앞선 질문에 여러분이 혼자서 결정을 내리고 싶다고 대답했다면, 여러분은 군주적인 선택을 한 것입니다. 즉 혼자 통치하고 싶어 하는 것이죠. 그러나 이외에 두 가지 선택지가 더 있습니다. 소수의 다른 사람과 함께 통치하거나(과두제), 모든 주민이 모여 비교하고 결정을 내리는 것입니다(민주주의).

　이 세 가지 유형 모두를 독창적으로 조합하여 혼합 형태의 정부를 만들 수도 있습니다. 각 정부 형태는 서로 다른 방식으로 구현할 수 있죠. 예를 들어 민중이 법률을 만들고 중요한 결정을 내리는 대표자를 선발하는 방식(대의 민주주의)과, 모든 시민이 의회를 소집하고 법률을 승인하거나 자신들과 관련된 결

정을 직접적으로 내리기 위해 선거를 하는 방식(직접 민주주의)을 들 수 있죠.

　여러분이 어떤 정부 형태를 선호하는지 결정하려면 시간이 걸릴 것입니다. 그런데 이게 다가 아닙니다! 여러분이 고민해야 할 주요 문제 중에는 권력 남용의 위험도 있습니다. 권력을 가진 사람은 자신의 이익을 추구하기 위해서 또는 국가에 해를 끼치는 불의를 저지르기 위해 권력을 이용할 수 있죠. 이런 상황은 어떻게 피할 수 있을까요? 이 질문에 대한 답은 프랑스 철학자 몽테스키외의 말을 듣고 생각해 보도록 해요.

　몽테스키외는 권력을 제한할 수 있는 것은 권력밖에 없다고 했습니다. 이게 무슨 말일까요? 간단한 개념입니다. 한 국가의 정부 형태가 어떤 것이든, 여러 개인과 단체에 분산된 다양한 권력이 서로를 제한하고 체제의 균형이 보장되도록 하면 됩니다. 몽테스키외의 말은 모든 권력이 한 사람이나 한 사람이 속한 집단에만 귀속되는 상황을 절대 피해야 한다는 것을 의미합니다.

그렇다면 권력을 어떻게 나눌 수 있을까요? 몽테스키외에 의하면, 권력을 세 부분으로 나누는 것이 중요합니다. 즉 법을 만드는 입법권은 법을 적용하는 행정권 및 법을 지키지 않는 사람을 판결하고 벌하는 사법권과 분리되어야 합니다. 오늘날 수많은 국가에서 입법권을 행사하는 주체는 의회이고, 정부 수뇌부와 장관은 행정권을 행사합니다. 반면 사법권은 법원의 판사에게 있죠.

몽테스키외의 성찰은 우리의 생각이 현실을 바꾸는 데 도움이 될 수 있다는 것을 보여 줍니다. 아마 이 세상의 그 어떤 정부 형태도 완벽하지 않지만, 어느 정도는 개선될 수 있습니다. 여러분이 역사를 공부하고 좋은 아이디어를 찾으려 노력하면 언젠가는 세상을 바꿀 수 있을 거예요!

# 보편적
# 인권이란
# 무엇일까?

세상에는 불평등을 겪는 사람이 엄청나게 많습니다. 먹을 것이 충분치 않은 사람도 있고, 마실 물이 없는 사람도 있고, 병이 들었을 때 치료를 받을 수 없는 사람도 있어요. 하지만 그런 사람들도 모두 '권리'를 갖고 있지 않을까요? 모든 인간이 가진 그 권리는 무엇일까요?

헌법은 한 국가의 시민이 가진 권리를 규정합니다. 그 권리들 중에는 개인의 자유를 누릴 권리를 비롯해 국토 내에서 자유롭게 이동하고 거주할 권리, 집회에 참여하거나 조직할 권리, 자신의 종교적 신앙을 고백할 권리, 자신의 생각을 자유롭게 표현할 권리 등이 포함되어 있어요.

한편, 특정 국가 시민뿐 아니라 모두의 것이어야 하는 권리를 담은 조문들도 있습니다. 그 예로, 프랑스 혁명 중에 작성되어 1789년에 발표된 <인간과 시민의 권리 선언>이 있습니다. 이 선언에는 인간은 태어나면서부터 자유롭고 평등한 권리를 갖는다고 쓰여 있는데, 이 권리는 무엇을 말하는 걸까요?

물론 자유와 재산, 개인의 안전에 관한 권리입니다. 이러한 개인의 권리를 행사할 때의 제한은 단 하나, 다른 사람의 권리를 제한하거나 방해하지 않는 것입니다. 예를 들어, 모든 사람은 자유를 누릴 권리가 있지만, 다른 사람의 자유를 제한하거나 방해할 자유는 없어요.

<인간과 시민의 권리 선언>은 모든 시민이 직접, 또는 대표자를 통해 법률의 제정에 가담할 권리도 규정합니다. 그런데 이 선언의 제목과 본문에 '인간(homme, 불어로 인간이라는 뜻과 '남성'의 뜻을 가지고 있음)'이라는 말이 사용되었다는 점에서 문제가

생깁니다. 그렇다면 여성의 권리는 어떻게 되나요? 이 선언은 여성과 여성의 권리도 다루었을까요, 아니면 여성은 자유롭게 태어나지 않았고 남성과 동일한 권리를 갖고 있지 않다고 규정했을까요?

이 문제에 관해 용감한 사상가 올랭프 드 구주는 노예 제도 관행에 반대하는 글을 쓴 후 남성과 여성 간의 정치적, 사회적 평등을 주장하는 <여성과 여성 시민의 권리 선언>을 작성했습니다. 올랭프 드 구주는 <인간과 시민의 권리 선언>에서 '인간(homme)'이라고 지속적으로 언급하는 것이 남성과 여성 간의 부당한 격차에 대한 관심을 잃게 만들었다고 주장했어요.

그래서 모든 여성 시민이 법률의 제정과 정치 활동에 참여할 권리와 자신의 생각과 의견을 전달할 자유를 인식하는 것이 중요하다고 강조했죠. 올랭프 드 구주는 일반적으로 더 보편적이라고 여겨지는 선언의 위험성에 대해 경고했습니다. 진정한 차이를 이해하지 못한다면 말이죠.

여러분은 지금까지 이야기한 불평등이 극복되지 못한 상황을 경험한 적이 있나요? 우리는 어떻게 이 모든 '보편적'인 권리를 행사할 수 있을까요?

# 40

# 물건의 가격은
# 어떻게 정할까?

조난된 사람들이 돈 한 푼 없이 어느 무인도에서 간신히 살
아남았다고 생각해 보세요. 이들은 섬에서 함께 살기로 했
죠. 모든 물건에는 가격이 없고, 돈에 관한 문제도 없을 것
입니다. 어떤 것에 대한 가격을 정하지 않아도 잘 살 수 있
을까요?

돈이 존재하기 전에는 물건에 가격이 없었지만, 가치는 있었습니다.

어떤 유형의 가치였을까요? 과거 물건의 가치에는 몇 가지가 있었는데, 우선 필요를 충족시키기 위해 사용하는 용도에 따라 달라지는 물건의 사용 가치가 있었습니다. 그리고 사람들이 해당 물건과 교환하여 어떤 것을 주는지에 따라 달라지는 교환 가치가 있고 감정적인 가치, 즉 가족이 오랫동안 소유했던 물건이나 사랑하는 사람에게 받은 선물과 같은 물건에 부여하는 가치도 있습니다.

돈이 없는 곳, 앞에서 잠깐 이야기했던 조난자들이 살게 된 섬 같은 곳에서는 사용 가치가 교환에 많은 영향을 끼칠 수 있습니다. 그러나 특정 물건의 가치가 얼마인지를 설정하는 것은 어려운 일이에요. 여러분이라면 빵 한 개, 멋진 티셔츠 혹은 신발을 교환하는 대가로 무엇을 요구할 건가요? 반대로 그러한 것들이 필요하다면 그 대가로 무엇을 줄 건가요?

보통 물건의 가격이라고 하면 돈이 가장 먼저 떠오르는데, 돈은 모든 것과 교환할 수 있고 다음 교환을 위해 보관될 수도 있습니다. 바로 이런 이유 때문에 독일 철학자 칼 마르크스는 돈이 '보편적 등가물'이라고 했습니다. 마르크스에 의하면, 돈은 물건의 사용 가치보다는 물건의 교환 가치에 더 집중하게 만듭니다. 이러한 방식으로 사물이 '상품'이 되고, 이 상품의 가치는 숫자로 간편하게 책정될 수 있습니다("얼마예요?"라는 질문에 수치로 답할 수 있죠).

이러한 수치는 상품의 실제 가치를 측정하는 것은 아닙니다. 오히려 실제 가치를 가릴 수도 있죠. 세일할 때 어떤지를 생각해 보세요. 하루 이틀 만에 가격이 50퍼센트나 내려가는 물건들이 있죠. 이것이 물건의 사용 가치가 갑자기 반으로 줄었다는 것을 의미할까요? 그렇지 않습니다. 하지만 물건의 교환 가치에 확실히 어떤 일이 일어나기는 한 거예요.

여러분도 동일한 요구를 만족시켜 주는 동일한 사용 가치를 가진 상품의 가격이 매우 다양하다는 사실을 알고 있을 거예요. 펜이나 다이어리, 필통, 신발, 옷과 같이 매우 일반적인 물건도 마찬가지죠. 종류는 같으나 다양한 제품 간의 가격 차이가 반드시 품질이나 미적인 차원에서 적용되는 것은 아닙니다. 브랜드 때문에 비슷한 상품보다 더 사랑을 받는 경우가 있죠. 이때 가격이 높아지게 만드는 것은 특정 상품이 다른 비슷한 상품보다 유용해서가 아니라, 더 인기가 있어 보이기 때문입니다.

상품의 가치를 정의할 때 상품을 생산하는 작업 과정 역시 고려해야 해요. 모든 상품은 그것을 만드는 데 들어간 노동력이 쌓인 저장 창고와 같아서 노동 환경에 따라 세계 일부 지역에서는 매우 비싸게, 일부 지역에서는 매우 낮게 책정됩니다.

우리는 물건을 구입할 때 이 모든 것에 주의를 기울여야 하며 물건의 사용 가치를 절대 가볍게 생각해선 안 됩니다. 그리고 이것도 한 번 생각해 보세요. 돈이 존재하지 않는다면 우리는 더 잘 살까요, 못 살까요?

# 41

# 기술은 우리를
# 어떻게 변화시킬까?

컴퓨터가 발명되었을 때 처음 나온 광고는 자신감이 넘쳤습
니다. 컴퓨터가 우리의 일하고 공부하는 방식을 바꿀 것이
고 더 나은 결정을 내리는 데 도움이 될 것이라고 장담했죠.
지금 우리가 다시 광고를 한다면, 컴퓨터가 우리 삶의 어떤
것을 얼마나 변화시켰다고 말할 수 있을까요?

우리가 매일 사용하는 기술적인 물건의 목록을 적어 보면 어마어마하게 많을 거예요. 이 목록을 적을 때 꼭 주의해야 할 점이 있어요. 안경이나 각종 의류를 비롯해 접시와 냄비, 칫솔과 비누, 전구, 창문, 손잡이, 유리, 신발, 의자, 탁자, 장난감, 게임기 등과 같은 자질구레한 것까지 집어넣어야 한다는 점입니다. 이 모든 것이 인간이 만든 기술의 산물이죠.

이러한 물건들이 우리와 우리의 행동에 지대한 영향을 끼칠 수 있다는 점은 분명해요. 그 물건들이 없을 때 우리의 습관이 어떻게 바뀌게 되는지를 생각해 보면 알 수 있죠. 특히 스마트폰의 경우 논란이 상당히 많습니다. 스마트폰이 등장한 후로 사진과 영상을 찍고 공유하는 방식, 지인들과 연락하는 방식이 바뀌었고 정보를 비롯해 수많은 콘텐츠를 찾는 방식도 달라졌죠.

대중교통이나 음식점을 비롯해 수많은 장소와 상황에서 주위를 둘러보면 스마트폰 화면을 보느라 고개를 숙인 사람들을 자주 보게 돼요. 일상적으로 사용하는 과학 기술 물건이 물리적으로도 우리를 '특정 방향으로 굽게' 만드는 것이 분명합니다. 게다가 우리가 시간을 사용하는 방식에 영향을 끼쳐, 물건이 어떤 의미로는 우리를 '고용'하고 그 물건이 없다면 하지 않았을 많은 일을 하게 만들고 있습니다.

이러한 과학 기술의 영향에 대해 독일 철학자 마르틴 하이데거는 많은 연구 끝에, 기술적 수단이 자연뿐 아니라 우리가 이 세상에 존재하는 방식까지 변화시킨다는 점을 강조했습니다. 하이데거는 물레방아와 수력발전소를 예로 들어 비교했는데, 물레방아는 강 에너지를 변질시키지 않으면서 강을 이용하는 반면에 수력발전소는 훨씬 침략적인 방식, 즉 대량의 물을 취합하여 강물과 강에 서식하는 유기체의 흐름을 변경하는 방식을 취한다고 설명했어요.

현재 우리는 이전에 만든 기술의 부정적인 영향을 상쇄하기 위한 신기술이 필요한 상황에 처했습니다. 그러나 하이데거의 말에 따르면, 우리는 각종 신기술을 추가하는 것뿐 아니라 신기술을 사용할 때 타협해야 하는 것에 대해서도 항상 성찰해야 합니다.

여기에 한 가지 위험이 있습니다. 우리가 세상을 최대한 활용해야 하는 거대한 자원의 집합체로 보게 만드는, 하이데거가 '기술적 사고방식'이라 부른 것을 지나치게 사용할 위험이죠. 결과적으로 우리가 사물의 가치는 오로지 사용 가능성에 있으며, 수단을 중시하는 태도로 주변의 것을 생각하게 되었다는 사실을 알 수 있습니다. 하이데거는 이런 제한적인 시각을 치료하는 해독제로 우리 자신과 세계에 대해 더 진실하고 상세하게 이해하게 해 주는 '시'를 꼽았습니다. 그는 세계와 사물의 신비, 성스러움에 대해 경이와 공감을 느끼는 시적인 태도로 사는 것이 중요하다고 말했어요.

5장

# 내가 느끼는 '감정'이 의심스러울 때

### 이성/감정에 관한 철학적 질문들

# 42

# 인간이 동물과
# 다른 점은
# 무엇일까?

외계인이 지구에 온다면, 인간과 동물의 가장 큰 차이점을
무엇이라고 생각할까요? 외계인이 잠자리나 앵무새, 고양
이, 개 등 다양한 모든 생명체와 인간 사이에 다른 점이 있
다는 것을 알 수 있을까요?

고대부터 수많은 위대한 사상가들은 인간과 동물을 구분하는 몇 가지 특성을 내세우면서 인간에 대해 정의해 왔습니다. 예를 들어 아리스토텔레스는 인간은 이성을 갖고 있으며 모방을 가장 잘하는 뛰어난 사회적 동물이라고 기록했죠. 또한 인간은 매우 다양한 것을 의미하는 많은 종류의 신호를 사용할 수 있는 상징의 동물이라고 말한 사람도 있었어요.

독일 철학자 아르놀트 겔렌은 인간은 다른 동물들처럼 본능에 이끌리지 않기 때문에 '특별한 생물학적 문제'를 만든다고 말했습니다. 그런 이유로 인간의 행동은 훨씬 더 다양하고, 새로운 것을 이해하고, 여러 수단을 이용해서 주변 세계는 물론 자기 자신을 변화시킵니다. 이러한 특성은 우리를 다양한 환경에 적응할 수 있게 해 주죠.

물론 환경을 변화시켜 그 속에서 사는 동물도 있습니다. 개미집이나 흰개미 둥지, 비버가 만든 방죽을 생각해 보세요. 그러나 인간은 환경을 다양한 방식으로, 아주 근원적으로 변화시킵니다.

결국 인간 종의 특징은 다름 아닌 신체적 결함을 보완하는 특정 도구를 만드는 능력입니다. 예를 들어 인간의 발톱은 날카롭지 않지만 뾰족하게 다듬은 돌과 창, 화살을 만들 수 있었

죠. 다른 포유류처럼 몸을 보호할 수 있을 정도로 털이 많지 않지만 직조 기술을 발명해 옷을 만들었고요. 날개가 없지만 그 어떤 새보다 빨리 날 수 있는 비행기를 만들었을 뿐만 아니라, 새들이 날아오를 수 있는 높이를 훨씬 뛰어넘어 지구 대기권 밖으로 우주 로켓을 발사했습니다.

이 모든 것을 생각하면 인간을 '기술적 동물'이라 부를 수 있습니다. 선사 시대부터 기술을 통해 어떤 행동을 이룰 가능성과 생활 환경을 근원적으로 바꿔 왔으니까요.

동물은 본능적으로 자극이 있으면 반드시 그에 반응하게

되어 있습니다. 인간은 동물처럼 본능에 이끌리지 않고 사물을 만드는 수많은 방법을 고안할 수 있지만, 그에 맞는 교육과 제도도 필요했죠. 그러나 이 모든 것에는 대가가 따릅니다. 인간의 창의성은 모든 결과물을 불안정하게 해서 그것의 사용과 효율성을 예측할 수 없게 만들어요. 그래서 인간은 고대부터 교육이나 법률, 정치와 같이 행동을 규제하기 위한 기술을 개발해야 했죠.

어느 날 갑자기 학교가 없어지고 법도, 정부도 사라져 버리면 어떤 일이 일어날지 생각해 보세요. 아마 인간의 행동은 언제나 본능에 이끌리는 다른 동물들의 행동보다 훨씬 더 예측하기 어려워질 거예요. 역설적이게도 우리는 안정적으로 만드는 방법을 가장 창의적으로 발명하는 존재인 동시에, 다른 어떤 동물보다 훨씬 더 불안정한 상황에 놓여 있습니다.

# 영혼은 존재할까?

우리는 주변의 물질적인 것들이 생각을 한다거나, 감정을 느낀다거나, 욕구가 있다고 생각하지 않습니다. 하지만 우리의 몸은 머리부터 발끝까지 물질로 이루어져 있죠. 그렇다면 우리의 생각과 감정, 욕구는 어디서 나오는 걸까요?

고대부터 인간을 이루고 있는 물질만으로 인간에 대한 모든 것을 설명하는 것은 불가능하다고 생각하는 사람들이 있었습니다. 아테네의 대철학자 플라톤도 인간 존재를 더 심오하게 표현하기 위해 '영혼'이라는 말을 사용한 사람 중 한 명입니다. 그의 저서를 통해 우리에게 전달된 메시지를 이렇게 요약할 수 있습니다. "너 자신을 네 몸과 혼동하지 말라. 너는 네 몸과 다른 것이다!"

영혼은 육체처럼 눈으로 보거나 만질 수 없는 것이기 때문에 그 존재를 인정하는 사람들은 자신이 무슨 말을 하는지 잘 설명해야 합니다. 예를 들면 "영혼이란 진정 무엇인가?", "어디에서 생기는 것인가?", "영혼의 힘은 무엇이며, 영혼의 활동은 어떻게 이루어지는가?", "불멸인가, 아닌가?" 등을 설명해야 하죠.

이러한 질문에 대해서 매우 다양한 답이 나왔고, 어떨 때는 완전히 상반된 답도 나왔습니다. 예를 들어 플라톤은 인간의 영혼이 비물질적이고 불멸이라고 판단한 반면, 다른 철학자들은 영혼도 몸처럼 아주 작고 움직임이 많은 원자로 구성되어 있기 때문에 언젠가는 죽는다고 주장했어요.

플라톤은 더 나아가 영혼은 사망 후에도 계속 존재할 뿐 아니라, 인간이 탄생하기 전에도 존재한다고 말합니다.

플라톤은 자신의 저서 중 하나에서 영혼은 세 부분으로 나뉘어 있다고 주장했습니다. 선과 악을 인지하고 구분할 수 있는 이성적인 부분과 활력과 용기가 필요할 때 도움이 되는 교만하고 충동적인 부분이 있으며, 마지막으로 쾌락만 추구하고 자신의 식욕과 심지어 매우 부적절하고 짐승 같은 욕구까지 채우고 싶어 하는 가장 낮고 미천한 부분이 있다고 했죠.

이러한 삼분법은 영혼 내면의 갈등을 설명하는 데 사용됩니다. 아마 여러분도 내면의 갈등을 경험해 본 적이 있을 거예요. 어떤 것을 원하는 동시에, 그것이 부적절하거나 지나친 것 같아서 그 욕구에 저항하고 싶은 때가 있었나요? 양보하고 싶지 않은 어떤 것을 양보해 본 적도 있었죠? 어떤 행동을 하고 후회하거나, 여러분이 그런 행동을 한 것에 화가 난 적은 없었나요? 플라톤은 맨 아랫부분의 영혼이 한 방향으로 이끌리고, 맨 윗부분의 영혼은 그에 맞서 저항하면서 최선의 선택을 하도록 강요할 때 이러한 내면의 갈등이 생긴다고 생각했습니다. 항상 불분명하고 사람에 따라 달라지는 신체의 인지를 뛰어넘어, 생각과 사물의 진정한 본성을 인지하는 능력이 영혼에 있다고 주장했어요. 그리고 뒤이어 영혼과 육체를 근본적으로 구분했고, 이러한 구분이 이후의 세기 동안 아주 운 좋게 기독교와 서구 문명에 파고들게 되었죠.

그러나 개념이 확산되었다고 해서 그 진실성이 증명되는 것은 아닙니다. 플라톤이 말하는 영혼은 인간의 육체와 주변 세상과의 관계에서 발생하는 현상을 설명하기 위한 가설로 볼 수도 있습니다. 그럼 육체가 있으면 영혼이 반드시 존재해야 한다는 말은 누가 한 걸까요?

# 44 인간은 항상
# 합리적이고
# 이성적인 존재일까?

이성은 무지의 어둠을 사라지게 만드는 빛에 비유되곤 해요. 여러분은 정말 모든 사람이 이 빛을 손에 쥐고 있다고 생각하나요? 이 빛을 흐려지게 만들거나 심지어 꺼지게 하는 것이 있을까요?

여러분이 아주 운이 좋지 않은 이상, 살아가면서 비논리적으로 행동하고 오직 자신의 관점만 맞다며 고집을 부리는 비이성적인 사람을 종종 만나게 될 거예요. 이런 사람들은 이유 따위는 들으려 하지 않고, 이유 없이 선택을 하기도 하죠.

그러나 아리스토텔레스는 우리 모두는 이성적인 동물이며 로고스(logos)를 갖추고 있다고 했습니다. 로고스라는 말은 그리스어로 '이성'을 의미하는 동시에 '말', '이야기', '담화'를 뜻하기도 합니다. 이 단어가 가진 다양한 의미를 종합해 보면, 인간은 생각과 판단을 말로 표현할 수 있고 이성을 내세울 수 있는 동물이라고 볼 수 있죠. 로고스 덕분에 우리는 평가하고 가설을 세우고 계산할 수 있을 뿐 아니라, 다른 동물이 할 수 없는 복잡하고 다양한 연결도 할 수 있습니다. 논리적인 맥락에 따라 이야기를 전개할 수 있고 과거의 변천사를 기억하고 미래에 벌어질 수 있는 일을 상상하는 등, 시간적으로 먼 사건을 연결시킬 수도 있죠.

이러한 점이 우리 모두가 이성적이라는 의미일까요? 우리에겐 이성이 있고 그 이성을 사용할 가능성도 있지만, 모든 사람이 이성을 잘 사용한다고 보장할 수는 없습니다. 사람들 간에도 차이가 있을 뿐 아니라, 우리 모두 변화를 겪을 수 있으니까요. 여러분도 평소보다 더 명확하고 이성적일 때가 있고, 평소보다 말과 생각을 제대로 연결하지 못할 때가 있잖아요. 왜 그런 일이 일어나는지 설명할 수 있나요?

아리스토텔레스는 우리에게 이성을 따르지 않고 금지된 한계를 넘게 만드는 욕망과 열정이 있다고 했습니다. 예를 들어 누군가에게 깊은 인상을 남기고 싶은 욕구는 본인이나 다른 사람들에게 위험한 행동을 하게 만들 수 있어요. 이성이 우리를 '중용'으로 인도하여 모든 경우에 너무 지나치거나 부족한 극단으로 치닫지 않게 할 것이지만, 항상 그럴 수 있는 것은 아닙니다.

따라서 어떤 의미에서는 인간이 합리적인 존재라고 할 수 있지만, 다른 의미로는 진정 합리적인 존재가 되기 위해 노력할 필요가 있습니다. 요컨대, 아리스토텔레스가 로고스라 부른 능력을 갖추기 위해 훈련해야 하고, 그 훈련을 하기에 좋은 훈련소는 바로 철학입니다.

# 감정에
# 휘둘리는 것은
# 나쁜 걸까?

2016년 6월 26일, 아메리카컵 축구 결승전 중 세계에서 가장 몸값이 비싼 선수가 자신의 팀에게 중요한 페널티킥을 실패하고 말았습니다. 경기장에는 자그마치 8만 명의 관중이 있었던 만큼 그 선수에게 정말 치명적인 순간이었죠. 그 실수가 온전히 선수의 감정 문제 때문일까요?

이 이야기의 주인공은 많은 사람들이 역사상 가장 뛰어난 축구선수로 꼽는 리오넬 메시입니다. 너비 7.32미터, 높이 2.44미터의 골문으로부터 11미터밖에 되지 않는 거리에서 멈춰 있는 공을 넣지 못한 바로 그 선수였어요. 결국 그의 소속 국가인 아르헨티나는 칠레와 치른 결승전에서 4대 2로 패했고, 메시는 자신의 실수에 대한 실망감에 눈물을 흘리며 국가대표팀에서 영원히 물러나겠다는 의사를 밝혔습니다. 다행히 실제로 그렇게 하지는 않았고, 그 후 2022년 월드컵에서 아르헨티나는 우승을 차지했어요.

물론 프로 운동선수가 감정에 '배신' 당한 사례가 메시가 처음은 아니었죠. 여러분도 스포츠 경기에 참여해 본 적이 있다면 특정 순간에 찾아오는 감정적 긴장의 영향을 직접 경험해보았을 거예요. 학교에서 시험을 볼 때도 그와 비슷한 일이 일어나기도 합니다. 이러한 상황에서 무슨 일이 일어나는지를 알기는 어렵지만, 이런 의문이 생길 수는 있죠. 감정에 휘말리지 않는 것이 가능할까? 고대 사상가들 중 일부는 가능하다고 생각했습니다.

예를 들어 스토아학파 철학자들에 의하면, 감정과 판단은

서로 연결되어 있기 때문에 사물을 판단하는 방식에 주의를 기울이는 것이 중요합니다. 예를 들어 소셜미디어에서의 성공이나 특정 유형의 아름다움이 중요하다고 판단하는 사람은 그러한 것들을 가졌을 때의 기쁨과 그것을 잃을 두려움, 그것을 갖지 못했을 때의 슬픔을 느낄 수 있습니다. 메시가 그 페널티 킥과 자신의 기대, 그리고 자신을 향한 그 모든 시선에 크게 신경 쓰지 않을 수 있었다면 그 공을 더 잘 찼을까요? 아마 그랬을 겁니다.

스토아학파 철학자들 중 일부는 감정에서 완전히 벗어나는 것이 낫다고 말했습니다. 네덜란드의 철학자 스피노자는 스토아주의의 영향을 받기는 했지만, 아무것도 느끼지 않는 것이 불가능하다고 생각했죠! 사실 감정과 열정을 없애야 할 안 좋은 것으로 여겨서는 안 됩니다. 더위나 추위, 폭풍, 천둥이 공기에 의해 발생하는 것처럼, 감정 역시 우리 지성에 의해 자연스럽게 만들어지는 것이기 때문입니다. 그렇다고 우리가 감정이나 열정 앞에서 무력하다는 것은 아닙니다. 반대로 최선의 방식으로 그러한 것들을 다스리는 법을 배울 수 있습니다.

그러려면 우선 감정이나 열정이 우리 삶에서 어떻게 나타나는지 주의 깊게 살펴 보고, 주변에서 일어나는 일을 잘 판단하여 우리가 과하게 무게를 두는 상황을 줄여야 합니다. 그리고 또 한 가지 아주 중요한 것이 있습니다. 바로 '내면의 대화 기술', 즉 자신의 능력을 더 효율적으로 자극하기 위해 자신에게 해야 할 말의 단어를 찾는 기술입니다.

# 정신과 육체를
# 분리할 수 있을까?

우리는 운동선수나 스포츠팀의 역량에 대해 평가할 때 신체 조건에 집중하거나 반대로 정신력에 집중하기도 합니다. 마치 몸과 마음이 분리된 것처럼 말이죠. 그렇다면 정신과 몸의 구분은 어떤 의미로, 어느 정도까지 가능할까요?

평소 우리가 '정신'과 '몸'에 대해 이야기를 할 때 '정신'은 생각이나 기억 혹은 감정이나 상상과 같이 볼 수도 만질 수도 없는 것인 반면, '몸'은 근육과 뼈, 기관을 비롯해 물리적인 것들을 가리킵니다. 철학자 데카르트와 같은 이들은 정신과 육체를 분리된 두 실체로 표현했어요(여기에서 '이원론'이라는 명칭이 나왔죠). 이 이론에 의하면, 우리를 구성하고 있는 원자와 분자가 생각을 만들어 내는 것은 불가능하므로 생각을 할 수 있는 또 다른 실체, 즉 정신이 있어야 합니다.

그렇다면 우리 모두 경험한 적이 있는 정신과 육체의 상호작용은 어떻게 설명할 수 있을까요? 만약 지금 여러분이 이 책을 덮고 싶다면 손을 움직여 표지를 덮을 수 있습니다. 정신에서 나온 충동이 몸으로 전달되는 것이죠. 어떻게 이것이 가능한 걸까요?

여러분이 전속력으로 달리는 동안 계산을 하거나 머릿속으로 수업 내용을 복습하는 것은 가만히 멈춰 있을 때보다 훨씬 더 어려울 거예요. 심지어 정신적 작업에 몰두할수록 달리기 속도가 점점 더 느려진다는 사실도 알게 될 것입니다. 생각을 하는 정신이 몸과 '분리'되어 있다면 왜 이런 일이 일어나는 걸까요?

그와 반대로 정신과 몸이 하나이며, 정신은 우리 몸이 조직된 방식에 달려 있다고 말하는 이들도 있습니다. 특히 뇌가 무척 복잡한 기관이라는 점에서 말이죠. 매우 다양한 소리를 낼수 있고 수많은 단어로 구성된 언어를 만들 수 있으며, 물건을 잡거나 직접 만들 수 있는 손을 가지고 있다는 사실 때문이라고 주장하는 사람도 있습니다. 그러나 이 경우에도 어김없이 어려운 질문이 뒤따릅니다. 우리는 어떻게 가만히 멈춰 두 눈을 감고 있는 상태에서 아주 멀리 떨어져 있거나 실재하는지도 모르는 다양한 존재까지 생각하고 상상할 수 있는 걸까요?

이원론을 믿지 않는 철학자들 중에서 프랑스의 메를로 퐁티는 '몸'이라는 말이 두 가지 의미를 가지고 있다고 보았어요. 협소한 의미에서는 해부학과 생물학에서 다루는 몸(유기체)이고 다른 한편으로는 살아 있는 몸, 즉 각자의 경험과 기억을 지니고 있는 각자의 몸이라는 의미로 구분하라고 권유합니다. 메를로 퐁티에 따르면 우리의 의식은 몸과 분리되어 있지 않고 어느 특정 지점에 있는 것도 아닙니다. 그렇다면 어디에 있을까요?

우리의 의식은 살아 있는 몸과 세상과의 관계에서 만들어집니다. 우리가 주변의 것과 접촉하면 실제로 많은 것을 느끼고 행동할 수 있다는 것을 알게 되고, 사물을 통해 자기 자신도 느끼게 됩니다. 우리가 손으로 탁자를 만졌을 때를 생각해 보세요. 탁자가 느껴지는 동시에, 탁자를 만지는 손을 통해 여러분 자신도 느껴집니다. 모든 사람이 자신의 몸 덕분에 '나는 느낄 수 있다', '나는 무엇인가를 할 수 있다!'라고 말할 수 있으므로 자기 자신도 인식하게 되는 것입니다.

여러분은 어떤 관점이 더 유력해 보이나요? 지금까지도 수많은 철학자와 과학자들이 이 문제를 두고 논쟁을 벌이고 있습니다. 우리가 누구인지에 대한 문제는 대부분 수수께끼로 남아 있기 때문입니다.

# 의심은 좋은 걸까,
# 나쁜 걸까?

가끔 꿈이 너무 매력적이고 상세해서 놀랄 때가 있습니다. 그런데 지금 살고 있는 인생이 또 다른 종류의 꿈, 즉 우리의 마음이 만들어 낸 환상의 결과가 아니라는 걸 확신할 수 있나요?

의심은 우리가 성찰하고 비판적으로 생각하는 데 큰 도움이 됩니다. 의심한다는 것은 어떤 문제에 관한 첫 의견이나 처음으로 떠오른 생각을 포기하지 않는 것을 의미해요. 우리가 몰랐던 것을 알게 되고 당연하게 여겨지는 것에도 질문을 던지며 현실은 우리가 보는 것과 다를 수 있다는 점을 고려하는 것을 의미하지요.

따라서 의심이라는 감각은 매우 유용합니다. 온라인 사기의 함정에 빠지지 않게 해 주거나 광고에서 말하는 과장된 약속을 믿지 않게 하죠.

여러분도 아주 작은 것을 포함해 모든 것이 우리 눈에 보이는 것과 같지 않다는 점을 알고 있을 거예요. 마트에서 흔히 살 수 있는 산업용 식품의 대부분은 포장에 표시된 내용과 똑같지 않죠. 광고를 보고 산 제품이 생각한 것만큼 특별하지 않기도 해요. 소셜미디어에는 노력 없이도 쉽게 돈을 벌 수 있다고 약속하는 사람들이 있습니다. 이러한 경우는 특히 조심해야 해요.

고대의 한 철학 학교에서는 의심을 상당히 중요하게 본 이들이 자신들을 그리스어로 '의심'이라는 의미와 '연구'라는 뜻을 가진 단어 스켑시스(skepsis)에서 기원한 '회의주의자(scettica)'

라 불렀어요. 이 학파에 속한 사람들은 인간은 진리를 알아낼 수준에 도달할 수 없으므로, 언제나 '판단을 보류'해야 한다고 주장했습니다. 이것이 무슨 의미일까요? 사물은 겉으로 보이는 바와 다를 수 있기 때문에 그에 대해 궁극적으로 판단하는 것은 피해야 한다는 의미입니다.

이것이 과장된 견해로 보일 수도 있겠죠. 그래서 회의론자들은 자신들의 주장을 수호할 수많은 이유를 마련해 두었어요. 예를 들어 여러분이 어릴 때부터 특정 음식 중심으로 식사를 해 왔다면, 여러분이 아는 맛에 따라 각 음식의 장점을 다르게 평가할 것입니다. 한때는 재미있어 보이던 게임이 시간이 지나면 지루해지고, 반대로 처음에는 지루해 보였는데 나중에는 재미있어질 수 있죠. 같은 모자라도 어떤 코디에서는 예뻐 보이고, 어떤 코디에서는 예뻐 보이지 않을 수 있고요. 우리는 사물이 실제로 어떤지는 말할 수 없고, 우리에게 어떻게 보이는지만 말할 수 있습니다.

그렇다면 결국 모든 것을 의심해야 하는 걸까요? 스코틀랜드 철학자 데이비드 흄은 어느 누구도 한번 빠져든 의심에서 벗어날 수 없다고 생각했습니다. 어떤 사람이 모든 것을 의심한다면 그는 아주 단순한 것부터 시작해 그 어떤 행동도 할 수 없을 것입니다. 예를 들어 자기 앞에 물컵이 놓인 것을 보고도 물의 존재나 물이 갈증을 해소한다는 사실을 의심해야 하기 때문에, 갈증을 해소하기 위해 그 물을 마실 수 없겠죠.

흄은 사물의 진정한 본성은 모르지만 살기 위해서는 우리의 인지와 습관 그리고 상상을 통해 추측한 사물들 간의 연관성에 의존할 수밖에 없다고 말했습니다. 결국 의심은 유용하지만, 기준을 두는 것이 좋겠죠!

# 감정은 어디서
# 생기는 걸까?

우리는 가끔 두려워하는 사람들에게 이렇게 말합니다. "무서워하지 마!" 마치 명령을 하면 감정을 느끼는 것을 멈출 수 있는 것처럼 말이죠. 하지만 감정은 말을 듣지 않아요. 감정은 왜 이렇게 조절하기 어려운 걸까요?

감정은 우리 주위에서 일어나는 일들로 생기기도 하고, 때로는 갑자기 머릿속에서 불쑥 떠오르는 생각이나 기억 때문에 생기기도 합니다. 우리가 어떤 감정을 느끼면 몸에서도 반응이 일어납니다. 어떨 때는 심장이 더 세게 뛰기도 하고, 땀이 나고, 호흡이 느려지거나 빨라지기도 하고, 배가 뒤틀리는 느낌이 들기도 하죠.

현대의 심리학과 신경과학은 인간이 다양한 상황에서 보이는 행동을 분석하여 감정을 연구하고 뇌 안에서 어떤 일이 일어나는지 관찰합니다. 지난 수 세기 동안 철학자들 역시 감정이 어떻게 생기는 것인지, 시간이 지남에 따라 어떻게 변화하는지, 감정들끼리 서로 어떻게 교차하는지, 그리고 어떻게 하면 감정을 더 잘 다스릴 수 있는지 알아내려 했어요.

프랑스 철학자 데카르트는 저서 《정념론》에서 감정에 관해 추론하는 흥미로운 예를 제시했습니다. 여러분이 숲길을 걷고 있는데 갑자기 곰처럼 위험한 동물이 앞에 나타났다고 생각해 보세요. 이런 상황에서는 어떤 일이 일어날까요? 물론 겁을 먹겠지만, 여러분의 몸과 마음에 일어나는 일을 그보다 좀 더 정확하고 상세하게 설명해 볼 수 있을까요?

데카르트는 이렇게 생각했습니다. 동물을 보면 눈에서 시작하여 뇌로 이미지를 전달하는 신경에 무엇인가 흐르기 시작합니다. 그러는 동안 신경 내부의 흐름이 신체 나머지 부분에도 전달됩니다. 그래서 심장이 더 세게 뛰고, 근육이 다리를 떨리게 만들거나, 무엇을 할지 생각도 하기 전에 몸을 움직이게 만들기도 하죠. 이는 뇌 안에 영혼으로 정보를 전달할 수 있는 특별한 분비샘이 있기 때문일 것입니다. 데카르트는 두려움을 느끼는 것이 영혼이라고 생각했답니다.

그는 똑같은 자극이라도 모든 사람이 같은 강도로 같은 감정을 느끼는 것은 아니라는 점도 알아냈습니다. 예를 들어 공격적인 동물이 나타났을 때 어떤 사람은 무서워서 얼어붙는 한편, 어떤 사람은 도망을 치고, 어떤 사람은 통제력을 잃지 않고 정신을 바짝 차리고 상황에 대처하죠.

이러한 차이를 만들 수 있는 요소는 매우 많습니다. 개인적인 경험 또는 평정심을 유지하면서 두려움을 다스리는 습관, 위험을 최소화할 수 있는 최선의 대응 방법에 대한 지식 등을 예로 들 수 있어요. 이러한 요소들은 분노나 시기심, 슬픔, 혐오 등 다른 감정에도 적용되죠.

그렇다면 우리는 어떻게 해야 할까요? 자기 자신에게 할 말을 준비해 두는 것이 중요합니다. 곰의 예로 돌아가서, 그런

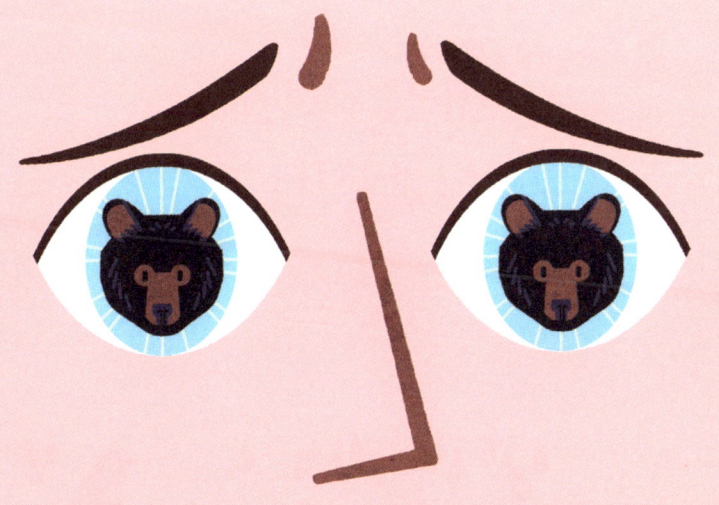

상황에서 전문가들은 어떤 조언을 할까요? 곰이 여러분이 있는 것을 눈치채지 못했다면, 곰에게서 시선을 떼지 말고 조용히 돌아가야 한다고 할 거예요. 곰이 여러분을 봤다면, 낮은 목소리로 차분하게 말을 걸면서 가만히 멈춰 있거나 천천히 뒷걸음질을 치면서 곰에게서 멀어지되, 뛰거나 소리를 지르거나 돌을 던지면 안 된다고 합니다.

여러 관점에서 볼 때 데카르트의 입장이 시대에 뒤처지기는 하지만, 우리 몸 안에서 일어나는 현상을 연구해 감정을 이해하려 시도한 최초의 인물 중 한 명이라는 점은 인정해야 합니다. 정말 앞서가는 인물이었죠!

# 내 생각은
# 정말 내 것일까?

학교에서 자유로운 주제로 글을 쓰라고 했을 때 무엇을 써야 할지 생각이 안 나는 경우가 있습니다. 때로는 어떤 것들에 대해 말하고 싶은데 표현할 방법을 모르거나 머리가 텅 빈 것 같을 때가 있죠. 생각은 어디서 나오는 걸까요?

생각과 언어에는 깊은 관계가 있습니다. 누가 우리에게 무슨 생각을 하고 있는지 물으면 말로 우리의 생각을 표현할 수 있죠. 그러나 이따금 모든 생각이 언어로 쉽게 번역이 되지 않는 것처럼, 전달하려는 내용을 표현할 언어를 찾지 못할 때도 있어요.

생각이 어디에서 나오는 것인지 스스로에게 묻는다면, 이 질문은 내가 생각하기도 전에 내 안 어딘가에 있었다는 것을 의미합니다.

정말 그럴까요? 내면 어디인가에 이미 만들어진 생각들이 저장되어 있어서 우리가 원할 때마다 사용할 수 있는 걸까요? 아마 이미 여러 번 생각했던 것을 생각할 때나 '만들어진 문장'을 사용하여 말할 때나 가능할 거예요. 이 경우 기억 속에 이미 만들어져 사용할 준비가 된 생각들이 담겨 있는 것이죠.

그러나 대부분의 경우, 삶에서는 언제나 다양한 사건이 발생하고 그에 대해 생각해야 하므로 우리의 생각 속에는 늘 새로운 것이 있습니다. 그렇다면 이러한 새로운 생각은 어떻게 만들어질까요? 독일 철학자 프리드리히 니체에 의하면, 인간은 '내가 쥐고 있는 말'로만 생각을 표현할 수 있습니다. 머리에 떠오를 수 있는 생각은 내가 잘 알고 사용하는 데 익숙한 단어에 따라 달라져요.

자, 잘 생각해 보세요. 여러분이 20~30개의 단어밖에 모른다면 얼마나 많은 생각을 할 수 있을까요? 지금 이 페이지에 적힌 내용을 이해하거나 기억하기도 어려울 수 있죠!

그렇다면 우리는 생각하고 싶은 것을 생각할 완전한 자유를 갖고 있는 게 아닙니다. 우리가 할 수 있는 생각은 우리가 배웠거나 주위에 있는 것들, 예를 들면 주로 만나는 사람들이나 콘텐츠, 노래 등에 따라 달라지기 때문이죠.

책을 예로 들어 봅시다. 책은 다른 사람이 표현한 생각의 '저장소'이며, 여러분이 손에 들고 있는 이 책은 더 특별한 저장소입니다. 이 책을 읽으면서 여러분이 평소 사용하는 것과 다른 말로 표현된 새로운 생각을 볼 수 있을 것입니다. 여러분이 동의하지 않는 부분도 있겠지만, 이 또한 소중하죠.

니체의 말을 진지하게 생각해 보면, 나 자신이 머릿속에 떠오르는 생각의 유일한 저자가 아니라는 의심이 생깁니다. 왜냐하면 언제나 주변에서 사람들이 말을 하고 나는 그 말에 주의를 기울이므로, 그들 모두와 내가 '공동 저자'라 할 수 있으니까요. 그렇다면 우리 모두 자신을 표현하는 단어의 다양성을 확대하여 더 많이, 더 잘 생각할 수 있도록 하는 것이 중요

합니다. 자신의 생각을 색으로 표현할 수 있는 다채로운 물감
을 담을 팔레트가 필요해요.

# 논리란
# 무엇일까?

여러분은 학교에서 A가 B보다 크고 B가 C보다 크면 A는 C보다 크다는 원리를 배웠을 것입니다. 마찬가지로 100원이 아무것도 없는 것보다 낫고 아무것도 없는 것이 건강을 잃는 것보다 낫다면, 100원이 건강을 잃는 것보다 나은 걸까요? 여러분은 이 말이 맞다고 생각하나요? 아니면 무엇인가 잘못된 부분이 있는 것 같나요?

추론을 거친 하나의 주장을 다른 주장과 연결하는 과정에서 우리는 종종 실수를 할 수 있습니다. 논리는 우리의 주장과 생각이 어떻게 올바른 방식으로 연결되어야 하는지를 연구하는 것입니다.

논리적인 관점에서 볼 때, 앞에서 제시된 내용은 잘못된 추론입니다. 왜냐하면 '아무것도 없는'이라는 말이 두 가지 의미로 사용되었기 때문인데요. 문장의 앞부분에서는 숫자 '0'의 의미인 반면, 뒤에 사용된 의미는 '그 어떤 것도'라고 해석되어야 합니다.

'아무것도 없는 것이 건강을 잃는 것보다 낫다'는 사실 '그 어떤 것도 건강보다 나을 수는 없다'는 말을 의도한 문장입니다. 그러니 이때 100원이 건강보다 낫다는 것을 확실히 추론할 수 없죠! 또 다른 추론의 오류는 특정 관찰에서 성급하게 일반적인 결론으로 넘어갈 때, 혹은 개연성 있는 사건과 연결시켜야 할 필요성에 의해 사실을 제시할 때 발생합니다.

논증의 구조 중 특히 연역법과 귀납법이 중요한데요. 연역법은 일반적인 것에서 특정한 것으로 이동할 수 있습니다. 예를 들어 모든 사람은 죽고, 소크라테스가 사람이라 가정한다면 소크라테스는 죽는다고 연역할 수 있죠. 이러한 결론은 필연적으로 나올 수밖에 없는 것입니다.

　반면 귀납법은 특정한 것에서 일반적인 것으로 넘어갈 수 있습니다. 한 사람이 수많은 까마귀를 보았는데 모두 검은색이었다면 귀납법으로 '모든 까마귀는 검다'라고 논증을 이끌어 낼 수 있는 거예요. 이 경우 도달하는 결론은 연역법처럼 필연적이지는 않습니다. 발생 가능성이 높을 수는 있지만, 단 한 마리의 까마귀라도 검지 않으면 타당성을 잃죠.

미국 철학자 찰스 샌더스 퍼스는 과학적 추론을 바탕으로 또 다른 유형의 논증법에 관심을 집중했고, 이를 '귀추법'이라 정의했습니다. 이 논증법에 대해 설명하자면, 셜록 홈즈를 비롯한 다른 유명한 탐정들의 추론 방법을 예로 들 수 있습니다.

셜록 홈즈는 세부적인 것을 관찰하고 단서를 해석하는 능력이 뛰어납니다. 설명되지 않는 사건을 조사할 때마다 무슨 일이 있었는지에 대한 가설을 훌륭하게 세우죠. 귀추법은 관계있는 증거를 가장 잘 설명할 것 같은 가정으로 정의하는 것입니다.

종합해 보자면, 논증을 잘 구성하면 처음에는 설명이 안 될 것 같은 일을 설명할 설득력 있는 방법을 찾을 수 있고, 반드시 발생 가능한 결론만 보는 것이 아니라 일반적인 것에서 특정한 것으로, 특정한 것에서 일반적인 것의 순서로 넘어갈 수 있습니다. 정말 대단한 논리죠?

# 참고 문헌

권터 안더스,《인간의 구식성》vol. I.

뤼스 이리가레 지음, 정소영 옮김,《사랑의 길 *The Way of Love*》, 동문선, 2009.

르네 데카르트,《방법서설》

마르틴 하이데거,《사유란 무엇인가?》

마르틴 하이데거,《존재와 시간》

아이스킬로스, 비극 단편《아가멤논 *Agamennone*》

움베르토 갈림베르티,《L'etica del viandante》, 펠트리넬리 출판, 2023.

움베르토 갈림베르티,《L'uomo nell'età della tecnica》, 펠트리넬리출판, 1999, 181-
189p.

이마누엘 칸트,《계몽이란 무엇인가》

제임스 힐먼,《나이듦의 철학》

칼 야스퍼스,《철학》

프리드리히 니체,《선악의 저편》

플라톤,《국가》

플라톤,《소크라테스의 변명》

플라톤,《향연》

H. Diels, W. Kranz,《Die Fragmente der Vorsokratiker》, 1966/ 〈I presocratici,
Testimonianze e frammenti〉, Laterza, Roma-Bari 1983, vol. I.